Tout est calme,
seules les imaginations
travaillent

Du même auteur

Le Duc de Richelieu, un sentimental en politique, 1766-1822, Paris, Perrin, 1990 (rééd. 2009). Grand prix Gobert de l'Académie française.

Brèves Machineries du silence, Paris, Le Cherche-Midi, 1995.

Talleyrand. Le prince immobile, Paris, Fayard, 2003, rééd. 2006 ; Paris, Tallandier, « Texto », 2015. Prix de la Fondation Napoléon ; prix Thiers de l'Académie française ; sélectionné parmi les dix meilleurs livres de l'année 2003 par *Le Point*.

Lettres d'un lion. Correspondance inédite du général Mouton, comte de Lobau, 1812-1815, Paris, Nouveau Monde Éditions, « La bibliothèque Napoléon », 2005.

L'Histoire à rebrousse-poil, Paris, Fayard, 2005 ; Paris, Tallandier, « Texto », 2014.

Un groupe d'hommes considérables. Les pairs de France et la Chambre des pairs héréditaire de la Restauration, 1814-1831, Paris, Fayard, 2006.

Mémoires et correspondances du prince de Talleyrand, Paris, Robert Laffont, « Bouquins », 2007.

Cent Jours. La tentation de l'impossible, mars-juillet 1815, Paris, Fayard, 2008 ; Paris, Tallandier, « Texto », 2014 (rééd. 2021). Grand prix Chateaubriand de la Vallée-aux-Loups ; prix des Écrivains combattants.

Félicie de Fauveau. Portrait d'une artiste romantique, Paris, Robert Laffont, 2010 ; « Documento », 2013.

Talleyrand. Dernières nouvelles du Diable, Paris, CNRS éditions, 2011 ; « Biblis », 2017. Prix Du Guesclin ; prix des Ambassadeurs.

Entre deux rives. Dix écrivains devant la mort, Paris, L'Iconoclaste, 2012 ; rééd. *Fins de partie*, Paris, CNRS éditions, « Biblis », 2016.

(Suite à la page 253)

Emmanuel de Waresquiel

Tout est calme, seules les imaginations travaillent

Chroniques d'histoire

TALLANDIER

Cet ouvrage est publié sous la direction de Denis Maraval.

48, rue du Faubourg-Montmartre – 75009 Paris
www.tallandier.com

À mon ami Passavant des Baleines,
Sans bruit sans trace.

« Le passé a beau ne pas commander le présent tout entier. Sans lui, le présent demeure inintelligible. »

Marc Bloch, *L'Étrange Défaite*, 1940

« C'est égal, on s'en souviendra de cette planète ! »

Auguste de Villiers de l'Isle-Adam,
à un ami, à Paris,
alors qu'il couchait sous les ponts.

Avant-propos

L'histoire a pour moi longtemps senti l'encre et la poussière. Après tout, des générations d'érudits ont vieilli à la lumière de leur lampe, une loupe à la main, entourés de leurs livres. Peut-être les pattes de mouche de la dernière lettre que mes prédécesseurs eurent à déchiffrer étaient-elles pour eux les signes mystérieux de leur destin, les lignes de leur vie. Il n'y a pas d'histoire sans archives et sans livres. La bibliothèque est le sanctuaire de l'historien, comme l'est le laboratoire pour le chercheur, ou les montagnes pour l'alpiniste. On peut avoir le sentiment de gravir des sommets en restant assis dans un fauteuil. Je me souviens de la grande salle de la Bibliothèque nationale de la rue de Richelieu, aux trésors ignorés. J'y ai passé une bonne partie de mes jeunes années d'historien avant que celle-ci ne ferme pour les escalators et les couloirs interminables des quatre tours de la bibliothèque François-Mitterrand. On n'y entendait que le bruissement léger du papier, lorsqu'un lecteur tournait les pages de son livre. L'air y était comme saturé de vies secrètes : romans d'aventure, correspondances amoureuses, journaux littéraires – qui circulaient entre eux. Nous étions là, envahis par le silence, dans une forêt de poutrelles, sous les voûtes en coupoles de verre et d'acier tout droit sorties de l'imagination fiévreuse de l'architecte Henri Labrouste, qui me faisaient irrésistiblement penser à l'intérieur du *Nautilus* de Jules Verne – *Vingt Mille Lieues sous les mers*, loin de la rumeur du monde. Les encriers de porcelaine marqués EF (Empire français) avaient disparu, mais les longues tables de bois héritées d'avant-guerre y étaient toujours, qui donnaient à l'ensemble des airs de cloître et de couvent. Ce n'était pas encore l'époque des ordinateurs et des données numériques. Les fichiers alphabétiques sagement rangés dans leurs classeurs avaient pour eux une salle entière. Elle était installée au sous-sol, on y pénétrait par une volée d'escalier comme dans une grotte. Chaque fiche avait son âge et son auteur selon la façon dont elle était rédigée – l'encre un peu pâle des plus anciennes, à la calligraphie délicate, l'encre de la machine à écrire des plus récentes. Derrière l'alignement des lampes en opaline verte des tables de lecture, derrière le bureau des conservateurs, on pouvait se rendre aussi à de rares occasions et muni d'une autorisation spéciale comme d'un passeport pour le paradis dans le saint des saints, la « réserve », pour consulter les ouvrages les plus précieux. C'était un peu comme une deuxième clôture installée dans la première, le centre névralgique du savoir. Tout comme les lecteurs – qui n'étaient pas si nombreux –, les conservateurs ou plutôt les conservatrices, car c'étaient surtout des femmes, me semblaient hors d'âge. Elles me terrorisaient un peu. Je me consolais en me disant que même la plus jeune avait été trompée par son amant. Elles étaient pénétrées de leur sacerdoce : inventorier, empêcher, surveiller, comme si la bibliothèque leur appartenait – cerbères en leur tanière. Rilke a tout dit dans ses *Cahiers de Malte Laurids Brigge* de cette salle Labrouste de la rue de Richelieu et Apollinaire s'en souvenait encore lorsqu'il écrivait ses « Vies anecdotiques » dans le *Mercure de France* : « Et afin de me reposer, de me retrouver en famille, j'entrais dans une bibliothèque. »

On est loin du monde tel qu'il va. Après tout, l'historien s'occupe du temps et du passé, pas du présent. Il se méfie de cette manie qu'ont certains, par paresse, par ignorance ou parfois dans des intentions peu avouables, de tordre le passé pour le faire entrer à toute force dans le présent. C'est un peu comme si l'on voulait expliquer l'atome par la machine à vapeur. L'histoire et la politique n'ont jamais fait bon ménage, et ceux qui font usage du passé dans le seul but de se cirer les bottes, qui se donnent une légitimité de pacotille en allant y chercher, tels des pilleurs de trésors, de quoi nourrir leur démonstration, font fausse route. Cette tentation-là a pourtant surpris bien des historiens. Dans son *Histoire de France depuis l'établissement de la monarchie jusqu'à Louis XIV*, publiée en 1770, Velly voulait prouver les bienfaits des rois pour glorifier la monarchie. Au début du XIXe siècle, les Guizot, les Thiers, les Augustin Thierry cherchaient à légitimer la Révolution et les victoires du tiers état par l'étude des révoltes communales du XIIIe siècle ou par celle de la Glorieuse Révolution anglaise du XVIIe siècle. Plus tard, Michelet voudra donner au peuple ses lettres de noblesse en faisant de lui le cœur battant de la Révolution. Et les disciples de Marx et d'Engels, tout expliquer par le matérialisme et les seules forces productives.

Les démonstrations téléologiques qui posent la fin pour expliquer les moyens, tous les déterminismes, tous les enchaînements de causalité du monde ne sauraient réduire ou épuiser l'Histoire. Voilà quelques décennies que nous sommes à peu près sortis de l'ère des idéologies et pourtant les historiens ne sont toujours pas d'accord entre eux. Heureusement, en un sens. C'est qu'au fur et à mesure des évolutions de notre monde contemporain et à la lumière de ces dernières, de nouveaux clivages apparaissent. Qu'il le veuille ou non, l'historien n'échappe pas toujours aux influences de son temps. Les brassages de populations et autres poussées migratoires, la montée en puissance des communautarismes, le triomphe annoncé du genre, le néoféminisme, le racialisme, les alarmes climatiques les divisent jusque dans leur vision même du passé et jusque dans leur façon de le traiter. Quand les uns lui accordent encore sa part de conflits, de crises, de guerres, de rapports de force entre États et nations, d'autres en font le champ clos d'innombrables influences croisées, d'apports successifs, de juxtapositions d'origines et de cultures et s'érigent en nouveaux hérauts des assemblages, du mélange et de la bâtardise universelle. Tous ces fameux « transferts culturels » qui font aujourd'hui le bonheur des étudiants. D'un côté, une vision tragique de l'Histoire, de l'autre un irénisme assumé. Ici, des nations en construction ; là, un palimpseste à la Klimt, une bousculade de diversités et, sous l'influence des *minority studies* américaines, des revendications identitaires. Au fond, on retrouve là un peu des vieilles catégories de droite et de gauche, en un étonnant chassé-croisé.

Vous me direz, nous voilà bien loin de nos bibliothèques et de nos cartons d'archives. Et justement. La fréquentation régulière des archives invite à la modestie et à l'humilité, elle décourage des postures. Ces voyages-là sont de ceux qui obligent à oublier le lieu d'où l'on est parti. Plus on ferme les yeux sur ce qui nous entoure, mieux on les ouvre aux « abîmes qui nous séparent du passé », comme disait Chateaubriand. Je ne connais pas d'autres moyens d'éviter les préjugés et les anachronismes. On ne fait pas de l'histoire comme quelqu'un qui au petit matin essaierait de se rappeler les rêves qui l'ont hanté. L'historien se réveille ailleurs, sans ses fantômes, dans une autre chambre et dans un autre lit. La pièce est nue et les portes sont fermées. Je donne là la position idéale. Inévitablement, nous partons à la découverte du temps avec un peu de nous-mêmes, de notre formation, de nos représentations, de notre sensibilité. Les questions que nous posons à notre sujet nous appartiennent, tout comme nos intuitions, tout comme la façon dont nous lisons nos sources. Nous ne pouvons nous oublier complètement, pourvu que nous restions humbles et honnêtes.

S'il passe une partie de sa vie dans sa bibliothèque, l'historien doit-il pour autant bouder l'époque dans laquelle il vit, tel Achille retiré sous sa tente ? On ne peut être curieux du passé sans l'être aussi du monde qui nous entoure. Après l'avoir longtemps et superbement ignoré, je me surprends de plus en plus souvent à le regarder de près. Peut-être est-ce l'âge, ou l'expérience ou même l'imprudence ? Après tout, la folie vient plus souvent aux adultes qu'aux enfants. Et cela donne de drôles de résultats. À force d'habiter le passé, c'est le présent qui me semble étrange. Je le regarde différemment, comme on aborderait de nouveaux rivages, en guetteur mélancolique, en flâneur, en amateur surpris et amusé. On est trop souvent le naïf de quelqu'un ou de quelque chose. Les leçons de Pangloss conduisent Candide tout droit à la catastrophe. L'histoire n'a que faire des abstractions et des belles idées. L'expérience du temps donne parfois à l'actualité des allures dérisoires, elle nous fait apercevoir ses inconséquences et sa fragilité. Les visages changent, mais la grimace reste la même. Ces exercices-là ne sont pas dépourvus de dangers.

L'Histoire ne se répète pas et pourtant elle est toute remplie d'échos, de reflets, de réminiscences et de rumeurs. Bien sûr, ses héritiers ne parlent plus la même langue, ses héritages ont été si secoués, déformés, transformés qu'ils sont presque méconnaissables. Ils existent cependant. On n'y pense pas. On ne les voit pas. Je vais prendre un seul exemple parce que, d'une certaine manière, il donne à ce livre son titre. D'où vient notre attachement constant pour les discours et les mots, l'incantation, les sortilèges et les mirages, tout ce que Adolphe Thiers appelle très justement le « réel d'imaginaire » ? En France, les vainqueurs ont toujours été de ce côté-là. Napoléon, Clemenceau, de Gaulle, les bulletins de la Grande Armée et l'appel du 18 Juin. Nous sommes décidément un peuple littéraire. D'un côté, nous croyons aux experts, aux statistiques, aux plans quinquennaux, de l'autre nous vivons dans les nuages. Alexis de Tocqueville le notait déjà dans ses *Souvenirs* à propos des événements sanglants de juin 1848. Pris en masse, les Français se comportent très souvent en politique comme un « homme de lettres ». « Ils sont, écrit encore Brissot à la fin de l'Ancien Régime, presque toujours ce que leurs livres les font. » Notre vanité même a des airs littéraires. Rien n'a jamais mieux servi nos fantasmes, nos projets, nos désirs que les mots. C'est avec eux que nous avons fait la révolution de 1789. Mai 68 n'est rien d'autre que cela. Ils nous enivrent toujours, pour peu que nous les prenions pour des vérités. Ils nous font oublier ce qui résiste, la complexité des choses, le poids des intérêts, les ombres du passé. J'en demande pardon à Descartes, mais nous ne sommes que rarement raisonnables. Et tant mieux peut-être. Chateaubriand l'avait bien compris : « Le cœur se brise à la séparation des songes, tant il y a peu de réalité en l'homme. »

Voilà. Ce qui relie le passé au présent ne tient qu'à un fil à peine visible. C'est le fil d'Ariane dans le Labyrinthe. Si Thésée échappe au Minotaure, c'est peut-être parce que la fille de Minos était mortelle. Et qu'elle était historienne. J'ai tiré ce même fil pour écrire les courts textes qui vont suivre. Quitte à m'y perdre un peu. Vous y trouverez des événements et des drames, des rêves et des fantômes, la rumeur et l'écume des jours, des souvenirs de voyage, des visages d'hier et d'aujourd'hui, un climat, des couleurs, des odeurs, une époque en forme de portrait chinois à la façon du « cadavre exquis » des surréalistes, lorsque chaque joueur rédige un bout de phrase sans savoir ce que les autres ont écrit. L'histoire est un peu à cette image, elle est aveugle. À chaque fois qu'il se lance dans de nouvelles recherches, l'historien met le pied dans un pays dont il ignore tout, même s'il croit le connaître. Il est comme le voyageur en hiver. Il ne sait rien. Il lui faut attendre longtemps avant qu'il trouve un sens au passé et aperçoive la lumière qui, du fond du temps, nous éclaire un peu.

Paris, octobre 2020

« M. Gide, où en sommes-nous avec le temps ? »

Arthur Cravan, poète et boxeur, dadaïste avant l'heure, qui se disait le fils naturel d'Oscar Wilde et disparaîtra quelque part au large du Mexique en 1918, avait imaginé dans un article de sa revue d'avant-garde *Maintenant* une rencontre fictive et totalement loufoque avec André Gide, chez ce dernier, en Normandie. Après avoir saligoté les tapis du salon, après lui avoir affirmé d'entrée de jeu qu'il préférait, quant à lui et de loin, la boxe à la littérature, après lui avoir signifié « d'un ton très fatigué et très vieux » le malaise dont il se sentait gagné en sa présence – « M. Gide, j'ai peur de vous lire » –, il décide de prendre congé par une question fulgurante : « M. Gide, où en sommes-nous avec le temps ? » La fin du texte est encore plus savoureuse : « Apprenant qu'il était six heures moins un quart, je me levais, serrais affectueusement la main de l'artiste, et partais. »

J'aurais pu aborder, me direz-vous, cette question du temps avec plus de gravité, mais après tout et puisque nous sommes en train d'assister à sa disparition, je préfère encore en rire qu'en pleurer. Non pas que les horloges aient cessé tout à coup de tourner. Ce n'est pas de ce temps-là dont j'aimerais parler, mais de la connaissance comme de la perception que nous en avons. Certains jours sont parfois plus longs que d'autres. Le temps est à l'évidence l'objet principal de l'historien. C'est même la première question qu'il est tenu de poser à son sujet ou au personnage sur lequel il travaille. Nous pouvons être plus ou moins sensibles au passé et cela influera forcément sur la façon dont nous appréhendons le présent. De même, j'ai toujours été persuadé que les émerveillements de notre enfance, les souvenirs que nous en gardons jouent un rôle évident sur la manière dont nous nous situons et dont nous nous construisons dans le temps. En travaillant sur la période des Cent Jours – du fameux « vol de l'Aigle » de Napoléon aux mornes plaines de Waterloo –, j'avais été frappé de constater que nombre de mes « protagonistes » étaient obsédés par le souvenir de la Révolution, jusqu'à en être influencés dans leurs comportements de tous les jours comme dans leurs décisions les plus essentielles. Aujourd'hui, c'est tout juste si nous nous souvenons de ce qui s'est passé hier. Un jeune sur quatre n'a jamais entendu parler de la Shoah. Le temps semble filer si vite, le présent occuper une si grande place par le luxe et la quantité d'informations dont nous disposons que ce dernier nous absorbe tout entiers.

Quelle analyse mèneront les historiens du futur des récits que nous donnons de notre époque ? Que diront-ils tout simplement de notre perception du temps ? Car tout se passe comme si nous nous en étions délivrés une bonne fois pour toutes, comme si nous vivions désormais sous le signe sinon sous la dictature de l'instant. Je vois plusieurs causes à cela. La première est d'ordre intellectuel et se caractérise par un rejet de principe des héritages et des continuités dont nous sommes pourtant les rejetons, d'abord au nom d'une pseudo-égalité de naissance, ensuite parce que notre culte de l'individualisme suppose que nous ayons été capables de nous débarrasser de ces pesanteurs-là : de famille, de mémoires, d'héritages. Notre liberté même en dépendrait ! Cela remonte un peu à la Révolution. C'est bien dans cet esprit que les députés de la Convention inventèrent en 1793 un nouveau calendrier. La décade républicaine remplaçait désormais la semaine chrétienne, et les saints étaient renvoyés par troupes entières aux oubliettes de l'Histoire pour la châtaigne et la carotte, la fourche et la charrue, qui allaient donner leurs noms aux journées d'une ère nouvelle. Le peuple paysan valait bien tous les rois de la terre, à commencer par Louis XVI que l'on venait de guillotiner. « Le temps ouvre un nouveau livre à l'Histoire », déclare, enthousiaste, le régicide Gilbert Romme à la tribune de la Convention, le 19 septembre 1793. En juillet 1830 encore, pendant les Trois Glorieuses, les Parisiens tiraient sur les horloges des édifices royaux parce qu'elles représentaient le temps d'un régime exécré.

La révolution de 1789 et son rejet du passé au nom du bonheur du peuple, les grandes catastrophes du XXe siècle avec tout ce qu'elles ont comporté de traumatismes ont joué un rôle majeur dans ce déclassement qui fait d'hier l'ère du fanatisme et de la barbarie. Depuis, la montée en puissance de l'économie de marché n'a rien arrangé. Consommer, c'est oublier. Pierre Bourdieu et une certaine sociologie de l'éducation aussi sont passés par là. Avec lui, les « héritiers » avaient forcément mauvaise presse. Cet état d'esprit explique en tout cas beaucoup de choses : le jeunisme, le culte du corps, le « tout, tout de suite », la relégation de la mort aux oubliettes de nos consciences, de l'Ehpad au cimetière. La mort ne fait plus partie de nos vies. L'homme tout-puissant, maître de lui, débarrassé des vieilles providences, a remplacé Dieu. Il se croit libre. On le surprendrait même à rêver d'éternité. Et pourtant, nous savons bien que nous n'avons jamais été plus fichés, tracés, suivis et numérisés qu'aujourd'hui.

Tout cela marche d'un même pas avec les révolutions technologiques qui sont et seront celles de notre XXIe siècle. Les réseaux, l'Internet, le téléphone portable, la réalité virtuelle, bientôt l'intelligence artificielle et les objets connectés renforcent et renforceront encore un peu plus ces nouveaux rapports au temps dans lesquels nous vivons. Par exemple, le téléphone portable n'est pas seulement synonyme de vitesse, il fait de nos vies une succession de moments de plus en plus courts et juxtaposés, sans suite et dépourvus de sens. D'une certaine façon, il nous désunit. Avec lui, on ne désapprend pas seulement à construire une relation ou un récit qui auraient un commencement, un milieu et une fin. On ne rêve plus, on ne traîne plus, on ne se perd plus. J'imagine André Breton suivre une inconnue la nuit au hasard des rues de Paris, un portable à la main, et se mettre à l'appeler. *Nadja* n'aurait jamais existé.

Si le temps – le passé, le présent, leurs continuités comme leurs discontinuités – est la matière première de l'historien, il est aussi celle de l'homme. Les camps de concentration sentent la mort parce que le temps n'y circule plus. La fameuse « journée » d'Ivan Denissovitch Choukhov est comme noyée dans les 3 653 autres de sa condamnation au goulag sibérien. « Une journée de passée. Sans seulement un nuage. Presque du bonheur. » La nuit, le froid et le brouillard des camps sont aussi ceux du temps. C'est bien la conscience que nous en avons qui nous distinguent des animaux. Sans lui, comment pourrions-nous nous inventer, nous situer, et tout simplement exercer librement notre jugement sur les autres et sur le monde ?

Comment pourrions-nous vivre ?

Deux siècles de laïcité

La République a mis un certain temps à se débarrasser du vieux droit divin des rois. Elle s'est même donné beaucoup de mal pour cela. Tout commence avec la Révolution, sinon avant. La laïcité était alors conquérante. Souvenons-nous des « missionnaires » de 1793, des campagnes d'abjuration, du mariage forcé des prêtres, des autodafés d'objets liturgiques, des processions parodiques où l'on faisait chevaucher sur des ânes des figurants déguisés en évêques mitrés. On voulait tout abattre au nom de la régénération de l'homme sommé d'abandonner ses vieilles croyances pour devenir citoyen. Les échecs de la réforme française au XVIe siècle, la puissance de l'église catholique expliquent un peu la violence de cette rupture.

La République pour ce faire n'avait pas hésité à retourner l'ancienne langue missionnaire et biblique du christianisme à son profit. On parlait à propos des droits de l'homme de « catéchisme républicain ». Les sociétés patriotiques étaient autant de « noviciats », les députés de la Convention, les « apôtres » des temps nouveaux. La violence anticléricale avait pris sous la Terreur une dimension quasi sacramentelle comme si la Révolution avait cherché à confisquer la vieille colère divine à son profit. Cette croisade républicaine avait surtout pour but la conquête d'un espace public jusqu'alors envahi et dominé par le catholicisme. On avait enlevé aux villes et aux rues leurs anciens noms de saints, reconverti les églises en « temples de la Raison ». Il n'y avait plus de dimanche mais des « décadis ». Plus de croix, plus de cloches. L'espace entier de la République devait appartenir au peuple souverain.

Le choc initial de la Terreur ne suffira pourtant pas. Il faudra plus de cent ans – de la reconquête catholique, des pèlerinages, des apparitions et du Sacré-Cœur, jusqu'aux lois de séparation des Églises et de l'État des débuts du XXe siècle – pour que la République veuille bien se souvenir que la France avait été autrefois la « fille aînée de l'Église » et pour qu'elle consente à se montrer bonne joueuse. Des deux côtés, ce fut un long apprentissage. Ainsi, c'est à Notre-Dame, par un *Te Deum*, que le général de Gaulle avait célébré la libération de Paris en août 1944. Je me souviens, dans mon enfance, des processions de la Fête-Dieu en juin, des reposoirs et des tapis de fleurs qui jonchaient les rues de mon village dans le Maine. Personne ou presque ne s'en offusquait alors. En serait-il encore de même aujourd'hui ?

La République en avait perdu l'habitude, et pourtant, avec la montée en puissance du poids démographique des musulmans, avec la multiplication des tensions au sein même de l'islam, elle se retrouve depuis plusieurs décennies confrontée pour la deuxième fois à un nouveau défi religieux. Elle a mis du temps à l'admettre si elle ne l'a jamais fait clairement. Comme si, au lieu d'être à l'offensive ainsi qu'à ses débuts, elle se retrouvait sur la défensive, gênée et un peu honteuse, tout embarrassée de son ancienne puissance, à commencer par celle de ses colonies.

Depuis 2015, la multiplication des attentats terroristes a un peu changé la donne. Les récentes prises de position de certains élus sur les prières de rue ou sur le recrutement des imams, les derniers discours de notre président Emmanuel Macron sur le « séparatisme » sont-ils le signe d'un changement ou de simples épiphénomènes ? Nous ne manquons pas d'exemples pourtant, y compris dans le monde musulman. Entre les deux guerres, Mustafa Kemal, le « père des Turcs », ne s'était pas arrêté en chemin, au risque d'un violent retour de bâton. De la suppression du fez à celle du voile, du divorce à l'alphabet latin, il reste l'un de ceux qui ont voulu imposer la laïcité à marche forcée. C'est bien toute la question et, rapportée à l'histoire longue de notre république laïque qui après tout n'a qu'un peu plus de deux siècles, celle-ci n'en est que plus passionnante. Tout se passe en effet comme si nos gouvernants cherchaient à contourner la question de la part la plus radicale de l'islam en l'abordant, pour faire bonne mesure ou par mauvaise conscience, au nom d'un traitement égalitaire de toutes les religions. Tout se passe aussi comme s'ils cherchaient désormais, pour s'être un peu perdus en route, à faire de la laïcité un but et une fin en soi – quand elle n'est pas carrément un combat pour l'athéisme –, en oubliant que la loi de séparation de 1905 n'était au départ qu'un cadre et, en définitive, une sorte de règle du jeu.

C'est du même coup reposer la question de ce que nous appelons « les traditions » comme de ce qui sépare les questions cultuelles des questions culturelles. C'est aussi multiplier les incidents, de la place des crèches dans l'espace public à celle de la croix qui couronne la statue de Jean-Paul II à Ploërmel. Je me souviens d'une discussion clochemerlesque à une séance de conseil municipal de mon petit village du Maine. On venait d'installer la mairie dans l'ancien presbytère. Qu'allait-on faire de la croix qui couronnait le bâtiment et s'y trouvait encore ? Ce fut une bataille épique.

Nous revenons à la Révolution, mais à reculons. Nous ne la réinventons pas, nous la recopions et c'est une copie dérisoire. Notre laïcité, faute de se sentir assez forte ou faute d'être comprise, n'existe plus que dans les invectives et les interdits. Si nous pouvions ne jamais oublier Marc Bloch et ce qu'il disait des Français réfractaires à notre histoire : « Ceux qui refusent de vibrer au souvenir du sacre de Reims ; ceux qui lisent sans émotion le récit de la fête de la Fédération. » C'est bien grâce à sa diversité et jusque dans ses contradictions que l'Histoire peut parfois nous éclairer.

Coquillages et crustacés

Le fumet des homards de M. de Rugy s'est un peu dissipé et pourtant les dîners de l'hôtel de Lassay qui ont fait tomber l'ancien président de l'Assemblée nationale sur de simples présomptions restent d'actualité. Mediapart ne s'est peut-être pas trompé de cible, mais il s'est trompé de sujet. Je passe sur les menus un peu tape-à-l'œil de François de Rugy qui ne sont pas forcément les plus délicats, je passe sur la liste de ses invités dont on se demande parfois ce qu'ils faisaient là, je passe enfin sur la manière assez pleutre et pour tout dire minable dont il s'est défendu en arguant de son aversion pour les crustacés et en faisant étalage de sa grande simplicité à la façon d'un Monsieur Prudhomme qui aurait eu pour seule obsession de revendiquer fièrement ses origines petites-bourgeoises. Sans doute François de Rugy s'est-il comporté en parvenu qu'il n'avait pas besoin d'être. La morale systématiquement appliquée à la politique conduit à des situations drolatiques où la peur le dispute au ridicule.

Vous vous souvenez à ce propos de la merveilleuse invention d'Alain Chabat qui, voulant éviter au spectateur la scène par trop violente d'une charge d'Obélix contre les Romains, dans le film *Mission Cléopâtre*, lui avait substitué un interlude sur la langouste. « Contrairement à une idée largement répandue, la langouste se nourrit exclusivement de fruits de mer, ce qui ne l'empêche pas de rester très humaine ! » Pauvre langouste et pauvre François de Rugy. C'est bien d'humanité dont il est question dans cette affaire. L'ambition mal assumée et la trouille de l'opinion la font parfois oublier. Mais là n'est pas vraiment l'essentiel.

À force de ne pas aimer nos représentants, on en oublie qu'en France, la politique et la gastronomie ont toujours fait bon ménage. C'est même une tradition chez nous comme si la République, héritière en cela de la monarchie, avait voulu par là se montrer sous son jour le plus raffiné et somme toute le plus civilisé. Pas de bonne diplomatie sans bon déjeuner, disait Talleyrand. La gastronomie à la française, pratiquée dans ce qu'elle a de mieux, a le mérite de persuader ceux qu'on invite qu'on les traite avec égards. Rien de tel pour bien commencer une négociation. Les cartons des archives du Quai d'Orsay sont remplis de menus irrésistibles, à faire saliver les plus austères. J'en avais retrouvé quelques-uns de ce genre à l'époque de mes recherches sur Talleyrand. Entre autres, un menu d'été daté de l'année 1822, relativement simple : « Consommé brunoise à la Colbert, truite saumonée sauce gribiche, mousse de jambon, épinards au beurre, courgettes au jus, punch Talleyrand, caneton Voisin à la gelée, salade de laitue, petits pois à l'anglaise, glace Saint-Louis, pailles au parmesan. » On se prend à rêver. Aussi Talleyrand, pour continuer à parler de lui, ne se séparait-il jamais de son cuisinier lorsqu'il voyageait pour des raisons diplomatiques. Comme l'aurait dit le cuisinier Carême, « c'est l'honneur qui commande ».

Après Austerlitz, à Presbourg, en décembre 1805, en plein hiver, il s'inquiétait de ses arrivages de pommes de terre et en écrivait expressément à son majordome. À la suite des armées de Napoléon, le vin manquait parfois et il n'était pas question de s'en passer. « Mon cher Daru, écrivait encore le prince des diplomates à l'intendant général de la Grande Armée depuis Tilsit sur le Niémen, en juillet 1807, je suis persuadé d'une chose, c'est qu'en traduisant Horace, lorsque vous êtes venu à cette ode délicieuse qui commence par ces mots : "*Nunc est bibendum*" (C'est maintenant qu'il faut boire !), vous n'avez pas pensé qu'Horace conseillait de boire de l'eau ; c'est pourtant où j'en serais réduit, si vous ne me cédiez pas un peu des provisions que vous avez faites pour l'Empereur. » On sait que Talleyrand avait été lui-même sous le Consulat propriétaire du château de Haut-Brion, l'un des vins de Bordeaux les plus réputés, et qu'il aimait les vins secs comme le xérès au point d'avoir remis ce dernier à la mode en le faisant boire après le potage avec des olives. Je sais bien que tout cela date de plus de deux siècles. Autres temps, autres mœurs ! Mais notre pays n'a pas tant d'atouts que cela, et pourquoi renier les usages politiques ou diplomatiques de notre gastronomie ? Dommage qu'il faille en passer par ses dîners pour attaquer le dîneur.

Je préférerai toujours la bonne cuisine aux arrière-cuisines nauséeuses de la délation et de l'envie.

La guerre d'Algérie : un drame français

Que reste-t-il de la guerre d'Algérie ? Un goût amer dans la bouche, le sentiment diffus mais persistant d'une humiliation d'un côté, d'une trahison de l'autre, des redites, des déformations, des balbutiements et des silences. Les historiens ont depuis longtemps pris le relais, ils auscultent le cadavre mais tout se passe comme si celui-ci était encore tout vivant et palpitant. Ils opèrent à chaud. La génération de cette « sale » guerre est en train de s'éteindre et pourtant il y a trop de rancunes, trop de honte ou de fierté, trop de sous-entendus et d'intentions politiques, pour que l'événement relève de ce que les Anglais appellent « *a cold case* ». Le gouvernement algérien continue à user de la colonisation française et de ses « crimes » comme d'une arme. Elle lui sert à détourner l'attention et lui évite de regarder en face ses propres turpitudes. En France, elle agite toujours nos consciences. Il y a trop de morts dans les placards. Les civils, les combattants algériens, les soldats français, les harkis, et ceux de Sétif, et ceux du pont Saint-Michel, et ceux de Charonne.

Cent vingt ans de colonies, huit ans de guerre. Des centaines de milliers de morts. Trop de fautes commises, de signatures reniées, d'attentats, de camps, de populations déplacées de force, ou par la peur, ou par la misère. Notre président de la République, qui a tout juste quarante ans et n'a rien connu de tout cela, en a été déstabilisé au point d'avoir fait un jour de la colonisation un « crime contre l'humanité », et d'avoir déclaré le lendemain vouloir « tourner la page ». Paul Ricœur, qu'il affectionne, nous dit-on, savait pourtant à quoi s'en tenir sur l'ambivalence du pardon. Il est nécessaire et pourtant, loin de cicatriser les plaies, il les rouvre. Nous portons encore la tunique de Nessus. Tel le héros des Douze Travaux, nous cherchons à nous en débarrasser mais nous ne faisons qu'arracher avec elle des lambeaux de notre propre chair. Tous les discours du monde n'y feront rien, ni le Mémorial de la guerre d'Algérie inauguré par Jacques Chirac en 2002, ni la Journée nationale du souvenir voulue par François Hollande en 2016, le jour anniversaire de la signature des accords d'Evian qui mettaient fin à la guerre le 19 mars 1962. On aura beau rechercher les causes de la mort du jeune militant communiste Maurice Naudin à Alger en 1957, on pourra toujours multiplier les « lieux de mémoire », comme le suggère l'historien Benjamin Stora dans un rapport récent, il restera du sang, des vies brisées, des larmes et du malheur. Des deux côtés. Du nôtre, si j'ose dire, c'est encore pire. Nous portons en plus de tout le reste le poids de l'abandon des harkis, ces Algériens qui avaient servi dans nos rangs, massacrés après l'indépendance. Ils ne sont pas nombreux ceux qui comme le lieutenant François Meyer du 23e régiment de spahis ont sauvé les leurs en 1962 !

Nos sorties de crise ont toujours été douloureuses. Il nous a fallu plus d'un siècle pour nous défaire des divisions héritées de la Révolution. Pour ma génération née à la fin des années 1950, les événements d'Algérie ont occupé presque toutes nos vies. L'agitation qu'avait suscitée dans ma famille le putsch des généraux en avril 1961 est l'un de mes tout premiers souvenirs d'enfance. Mon père était alors officier de réserve et avait suivi l'appel lancé le 23 avril par le général de Gaulle. Je ne sais pas au juste quelles ont été ses responsabilités dans les jours qui ont suivi et d'ailleurs peu importe, ce qui compte ce sont les reflets du drame lorsqu'ils habitent nos mémoires. Georges Perec n'est pas loin : « Je me souviens des plasticages dont à la fin de la guerre d'Algérie fut plusieurs fois victime un tailleur du boulevard Saint-Germain, Jack Romoli. » Les plasticages, l'OAS et les pieds-noirs, avec leur désarroi, leur douleur et leurs rancunes.

Le descendant de l'un d'entre eux m'avait signalé l'existence d'une plaque apposée à l'entrée d'un hôtel particulier de Valognes dans la Manche, dernier séjour du dernier roi de France, Charles X, détrôné par les Trois Glorieuses et désormais condamné à l'exil. Elle est à ma connaissance la seule en France à évoquer la prise d'Alger par le corps expéditionnaire du général de Bourmont le 5 juillet 1830. Tout a commencé ce jour-là. On n'aime pas en évoquer le souvenir. Et pourtant, ce qui a suivi imprègne nos mémoires. Les tableaux d'Horace Vernet à Versailles, la prise de la Smalah, les orientalistes, l'épée d'Abd el-Kader, *L'Étranger* de Camus que j'étudiais sans plaisir lorsque j'étais en khâgne, *Les Champs de braises* de l'ancien résistant et officier putschiste Hélie Denoix de Saint Marc et surtout le cinéma. Tant de films vus et revus. *Avoir vingt ans dans les Aurès*, *L'Honneur d'un capitaine* de Pierre Schoendoerffer, sorti en 1982. Je me souviens surtout de l'une des dernières scènes du film, lorsque l'un des anciens sous-officiers du capitaine Perrin, accusé d'actes de torture, raconte les derniers moments de son chef, vingt ans plus tard, à son procès. Ce jour-là, Perrin avait décidé de ne plus ramper. Il en avait assez de se courber devant la mort. Il n'y avait pas survécu. J'avais été frappé aussi, en lisant *Les Champs de braises*, des arguments avancés par Hélie de Saint Marc lorsqu'il lui avait fallu se justifier d'avoir basculé dans l'illégalité à la tête de son régiment de parachutistes. « Mon père m'avait inculqué le respect du droit [...]. J'étais malheureux et sombre sous l'apparente égalité du jour [...]. J'ai choisi selon ma conscience. » La conscience. Elle refait surface à chaque fois que des événements nous obligent à faire des choix entre nos serments, la légalité, les règlements et la désobéissance. C'est elle qu'invoquaient déjà les officiers de l'ancienne armée napoléonienne lorsqu'ils décidèrent en mars 1815 d'abandonner le roi Louis XVIII pour se jeter à nouveau dans les bras de Napoléon. « Doit-on se mettre à mal avec sa conscience, s'interroge l'un d'entre eux, puisqu'on est obligé de vivre toujours avec elle ? »

La conscience, c'est ce qui reste lorsque le drame est consommé. Personne ne peut nous la ravir. Certains préfèrent celle des vainqueurs, d'autres celle des vaincus.

Parlez ! Parlez !

« Il est toujours à craindre, notait Tocqueville à la fin de *De la Démocratie en Amérique*, que les instincts révolutionnaires, s'adoucissant et se régularisant sans s'éteindre, ne se transforment graduellement en mœurs gouvernementales et en habitudes administratives. » Nous connaissons tous ce passage sur les dangers des révolutions lorsqu'elles retombent et sur la propension propre aux régimes démocratiques à se muer en machines administratives et à produire, comme on aurait la courante, autant de décrets, de directives, de circulaires au nom de l'utilité sociale quand ce n'est pas par calcul politique. Voilà déjà bien longtemps que nous y sommes, au point que nous finissons presque par nous y habituer. Le drame, c'est que le réel se refuse à la norme. Sa nature même, sans cesse changeante, plus souple, plus diverse et contradictoire, y répugne. Il nous reste alors les mots. En France, ils servent à tout et surtout à oublier ce qui nous échappe.

Puisque nous sommes quasiment entrés en religion – je veux parler de la nouvelle religion écologique, de ses basiliques, de ses prêtres, de ses hérétiques et de ses chapelles –, je ne peux résister au plaisir d'évoquer à ce sujet le rapport alarmiste du Haut Conseil pour le climat récemment publié, « Agir en cohérence avec ses ambitions ». À le lire, il semble que nous ayons tout faux. Notre taux de gaz à effet de serre a des airs d'atroce paresse et les purs horizons de notre neutralité carbone nous échappent au fur et à mesure que nous avançons, tel le mirage des Dupont(d) dans le désert, au *Pays de l'or noir*. Dans ces cas-là, il faut toujours penser à Raffarin : « La route est droite, mais la pente est forte. » Nous n'en sommes qu'au début et je n'ose imaginer ce qu'on nous gratifiera de « servitude nécessaire » comme dirait encore Tocqueville, à coups de principe de précaution, de comités Théodule, de réglementations et de lois punitives. Mais revenons aux mots. Le constat alarmiste des sages écologistes, rapporté à la litanie rassurante sinon triomphante des discours gouvernementaux sur sa politique verte, me fait penser à deux travers qui sont bien de chez nous.

Le premier, c'est qu'en effet nous sommes un peuple littéraire et que nous avons toujours préféré les mots, à commencer par ceux de la loi, quitte à ce que cette dernière ne soit jamais appliquée, plutôt que d'agir en pragmatiques, sur le terrain. Décidément, nous n'avons aucun goût pour les taupes ! Cela remonte sans doute aux abstractions des Lumières et à la Révolution, à la puissance de la Convention et des clubs. Qui tenait la tribune et avait le monopole de la parole tenait le pouvoir. Toutes les luttes de factions se sont faites à la Convention à coups de sonnette, de suspensions, de tumulte, d'empêchements, de rappels à l'ordre. Il fallait que le président « se couvre » comme on disait alors, c'est-à-dire qu'il mette son chapeau sur sa tête, pour faire taire, en dernier ressort, un orateur. Robespierre est peut-être tombé le 27 juillet 1794 parce qu'il n'a pas pu prononcer son dernier discours, et plus tard, en mars 1814, Talleyrand aura très bien compris ce pouvoir extraordinaire des mots lorsqu'il cherchera à se débarrasser de Napoléon en lui opposant quelques vieux caciques de la Révolution devenus sénateurs de l'Empire, de ceux « qui savent si bien démolir les trônes avec les mots de patrie, de tyrannie, de liberté ». Et d'ajouter dans un demi-sourire : « S'ils les prononcent, nous sommes sauvés. » En effet !

Deuxième remarque, toujours à propos de notre goût – généreusement partagé par notre actuel président de la République – pour les mots. Il me semble que nous savons très bien nous en servir pour transcender, sinon pour sublimer nos échecs. À la vérité, nous sommes mauvais perdants. La gloire et le panache des mots nous font merveilleusement oublier nos erreurs ou tout simplement notre incapacité à agir. Nous avons la défaite glorieuse. Il faut voir par exemple comment la débandade de Waterloo, le 18 juin 1815, est devenue peu à peu, au XIXe siècle, le sacrifice des « braves » contre l'Europe coalisée des rois, et le « merde » de Cambronne, celui de la liberté, jeté au passé au nom de la Révolution. Alors qu'il achevait *Les Misérables* sur les lieux mêmes de la catastrophe, en mai 1861, le père Hugo avait eu une phrase définitive là-dessus : « Je dis son fait à Napoléon mais je regagne la bataille. Faut-il donc s'obstiner à la perdre ! » L'empereur déchu était tout aussi excellent à ces tours de passe-passe. « Nous n'avons point été vaincus ! » Ainsi commence sa proclamation du Golfe-Juan à l'armée le 1er mars 1815, alors qu'il est sur le point de reconquérir le pouvoir, au début des Cent Jours... après la retraite de Russie, après Leipzig, après la capitulation de Paris. Pour se justifier, il met ses échecs sur le compte de la trahison : « [Des] hommes sortis de nos rangs ont trahi nos lauriers. » Les Allemands en feront autant en 1919. Depuis, il n'y a que les explications qui aient changé. Nous en trouverons toujours : l'Europe, les forces du mal, la bagnole, l'extrême droite. Allez savoir pourquoi l'armée française s'obstine à célébrer ses défaites : Sidi-Brahim, Camerone, Bazeilles. En France, c'est une tradition. Une façon peut-être d'exprimer poliment notre désespoir… ou de ne pas perdre la face.

Mon bureau des légendes

Il faut tout dire, tout montrer. Nous avions les Lumières, du temps de Montesquieu et de l'Encyclopédie, nous avons aujourd'hui la pâle lumière des petits secrets de chacun, des vies qui se ressemblent, étalées sans vergogne sur les réseaux. Comme en un jeu de vases communicants, comme si le vide de nos jours ordinaires devait déborder sur les autres, comme si tout à coup nous allions y trouver un sens. Nous voilà condamnés à traverser perpétuellement l'ultime scène de *La Dame de Shanghai*, lorsque Orson Welles et Rita Hayworth se perdent dans les reflets infinis d'un palais de glaces et tuent Everett Sloane, le mari cynique et boiteux de leurs amours contrariées.

À force de miroirs, nos vies en viennent à disparaître. Après tout, Narcisse n'y a pas survécu. C'est peut-être à cause de cela que le secret nous fascine tant. Comme si nous voulions nous sauver de l'universelle transparence par l'ombre et les mystères, des vies à double fond, la peau des masques et des légendes.

Lorsque j'avais quinze ans, Nikita Khrouchtchev venait de mourir. À Prague on entendait encore le bruit des chars soviétiques. C'était la guerre froide et le temps du silence. Je lisais les romans de John Le Carré, *L'Espion qui venait du froid*, l'opération Windfall. Alec Leamas était mon héros préféré. Lautner avait ses *Barbouzes* et les premiers James Bond étaient déjà sortis sur les écrans. On parlait encore à cette époque de « rideau de fer » et d'échanges d'espions.

Tout le monde connaissait le pont de Glienicke, entre Potsdam et Berlin, sur la rivière Havel, bien avant que Steven Spielberg n'en fasse un film (*Le Pont des espions*) dans un grand décor de neige, de nuit, de projecteurs, de barbelés et de poutrelles métalliques. C'était le 10 février 1962, à six heures du matin, lorsque le capitaine US Francis Gary Powers et l'espion du KGB Rudolf Ivanovitch Abel, *alias* William Fisher, se croisaient sans se regarder, à la frontière de deux mondes, dans le viseur d'un tireur d'élite. Une éternité aujourd'hui. J'ai revu récemment un vieux film d'Yves Boisset, *Espion, lève-toi*, et c'est comme si tous ces vieux rêves en noir et blanc de mon enfance m'étaient revenus brusquement à la figure. Lino Ventura y incarne magnifiquement un agent dormant manipulé par des forces invisibles jusqu'à y perdre la vie. À bout de nerfs et se tournant vers son agent traitant, il a alors cette phrase : « Au-dessus de moi, il y a une espèce de méduse énorme et silencieuse, les services de renseignements français. » Je me suis souvenu de cela en écrivant ma biographie de Fouché, le ministre de la Police de Napoléon. La pieuvre, dit Victor Hugo, « se confond avec la pénombre. [...] Elle n'a pas d'os, elle n'a pas de sang, elle n'a pas de chair. [...] C'est une peau. [...] Toute la bête est froide. [...] Presque toujours, quand on la voit, on est pris. » « Si l'épouvante est un but, ajoute-t-il, la pieuvre est un chef-d'œuvre. »

Le mur de Berlin est tombé depuis longtemps et pourtant nous en sommes toujours à chercher des espions et des secrets, des taupes et des réseaux. Tout cela nous attire et nous est comme nécessaire. Nous aimerions tant changer de vie. Je ne m'étonne pas de l'immense et récent succès du *Bureau des légendes*, déjà devenu, avec ses cinq saisons protéiformes, une série culte. Les services français en sont très contents d'ailleurs, elle favorise les recrutements. Il faut dire qu'on ne s'attendait pas à voir Jean-Pierre Darroussin, tout droit sorti d'un film de Klapisch, en patron du service des clandestins de la DGSE. Il y excelle, tout en retenue et en demi-sourires, en berger soucieux de son troupeau dispersé, en grand prêtre d'une Église exclusivement dédiée au culte du renseignement. Et Mathieu Kassovitz (Guillaume Debailly) en éternel survivant de son propre chaos, et la belle Zineb Triki (Nadia El-Mansour) en impossible rédemptrice. « Mes personnages sont doubles, disait l'écrivain Jorge

Luis Borges de ses créatures, et le vrai, c'est toujours l'autre. » C'est là peut-être la force de cette série. Le jeu est si dangereux qu'il peut vous conduire à la folie. L'engrenage des services du boulevard Mortier ressemble étrangement à celui de nos vies. On s'y perd souvent, on en sort rarement indemne. Que fait-on de sa conscience lorsqu'on s'est perdu de vue ? Si vous voulez vous convaincre de tout cela, regardez *Le Bureau des légendes*, regardez aussi la mini-série *The Spy* qui vous transportera à Damas en 1963 dans la peau du plus extraordinaire des agents du Mossad.

Le secret n'a pas d'époque ni de pays, ni même de nom, puisqu'il n'a pas de visage.

Le ministère de la Morale

Chez nous, c'est une tradition. Nous avons eu nos inquisiteurs au Moyen Âge, notre syndic et nos inspecteurs de la Librairie à l'époque moderne, nos comités de surveillance et de sûreté générale sous la Révolution, nos bureaux de censure sous l'Empire, nos « lois scélérates » sous la IIIe République. J'en passe et des meilleures. La liberté a beau figurer aux frontons de nos palais, bien loin d'être une exception française, elle est, en France, une exception.

Est-ce une fatalité ? Il est de la nature du pouvoir de vouloir dire le bien et le mal, quel que soit le gouvernement qui l'exerce. Passe encore à l'époque où nos rois se proclamaient de droit divin. La religion catholique était celle du royaume. Mais lorsque la nation a pris la place du roi au nom de la liberté, elle s'est empressée par la voix de ses représentants de reprendre le pire des anciennes pratiques théocratiques de la monarchie qu'elle venait de renverser. Très vite, on s'est remis à gouverner au nom du bien et de la vertu. Je n'ai pas besoin d'ajouter, pour compliquer les choses, que ces catégories-là ont connu depuis deux cents ans d'infinies variations dans la façon dont on les a interprétées et dans les contenus qu'on leur a donnés. Si rien n'a changé, c'est pour d'autres raisons. Le pouvoir peut bien nous laisser la souveraineté (à nous autres les citoyens), il nous a toujours considérés et nous considère encore comme peu capables de l'exercer, trop immatures, pas assez responsables. On a donc voulu nous aider. Assurément, d'autres voient mieux et plus loin que nous. La censure, quelles que soient ses formes, est au bout de ce raisonnement. Tout se passe comme si le pouvoir avait décidé d'y recourir, non pas tant pour notre bien mais pour nous éviter de nous coltiner trop brutalement avec le mal. Sage précaution. Comme s'il nous jugeait incapables d'apprécier, dans le creux de nos consciences, ce qui relève de l'un ou de l'autre, d'avoir accès au débat, d'exercer notre esprit critique. D'une façon générale, les gouvernements n'aiment pas laisser les individus seuls face à eux-mêmes. Cela jette le trouble et, parfois, favorise la révolte.

Autant nous tenir en lisière. Dernièrement, c'était un haut fonctionnaire rattaché au cabinet du Premier ministre et la ministre de la Culture elle-même qui se souciaient de nous. On avait déjà eu droit à ce genre de farce sous la Restauration, à cette nuance près qu'à cette époque, les sociétés « des bonnes lettres » ou « des bons livres » qui fleurissaient un peu partout relevaient toutes d'initiatives privées. Au lendemain de la Révolution, le mal c'étaient les philosophes : d'Holbach, Helvétius, Voltaire et Rousseau. On mettait leurs livres à l'index et parfois on les brûlait. Remplacez les philosophes par Céline ou Chardonne ou Maurras, et vous aurez la même chose. La plus belle ruse du diable, ce n'est pas tant de nous faire croire qu'il n'existe pas, c'est qu'il change sans cesse d'aspect et de position pour mieux nous tenter. Il avait la tête de Voltaire, il a maintenant celle d'un antisémite quand ce n'est pas celle d'un mâle blanc dominant. C'en est assez pour exclure les auteurs qui l'ont été de nos commémorations nationales et pour demander des « garanties » aux éditeurs qui auraient l'indécence de vouloir rééditer certains de leurs textes. Le tout à l'avenant. Les *Dix Petits Nègres* ne le sont plus. On ne verra plus *Autant en emporte le vent*, parce que les acteurs noirs y jouent des rôles dérisoires. Les Américains ont déjà leurs *sensitivity readers* chargés de reprendre certains textes et de corriger ce qui fâche. Nous n'en sommes pas loin. Nous voilà à l'ère du révisionnisme à tous les étages, comme autrefois le gaz. Cela ne s'appelle pas officiellement de la censure, cela relève d'un absurde principe moral qu'on voudrait appliquer au nom des « minorités humiliées » jusqu'à notre aptitude à comprendre, jusqu'à notre droit à connaître le passé. Je ne vois pas au nom de quoi on nous empêcherait de lire *Bagatelles pour un massacre*, comme on cherche d'ailleurs tout autant à nous empêcher de consulter certains sites djihadistes, sinon par lâcheté ou pour nous racheter une bonne conscience au risque de faire de nous le pauvre aveugle de la nouvelle de Villiers de L'Isle-Adam. *Vox populi, vox Dei*. Les régimes passent, le peuple les acclame l'un après l'autre, et l'aveugle est toujours là qui demande pitié de notre cécité. Comment pourrions-nous nous faire une idée de ce qu'a été la Shoah sans lire Céline ou Brasillach, à l'index depuis la guerre ? Et pourquoi interdire certains livres plutôt que d'autres ? Le *Voyage au bout de la nuit* de Céline n'est pas moins antisémite que ses pamphlets. À ce compte-là, nos chers dirigeants devraient aller plus loin. Ils ne nous disent pas que l'antisémitisme imprégnait une bonne partie de la littérature de l'entre-deux-guerres. Il leur faudrait interdire des centaines de livres. Albert Thibaudet lui-même, ce bon radical-socialiste, trouvait des excuses à *La France juive* de Drumont dans un article de la *NRF* paru en 1931. Ce que nos gouvernants ne veulent pas mesurer, c'est notre intelligence. Ce qu'ils sont incapables de saisir, ce sont les paradoxes de l'Histoire. Les traîtres d'hier sont parfois les justes de demain et inversement. Qu'ils relisent donc Paulhan et sa *Lettre aux directeurs de la Résistance* publiée en pleine épuration. Paulhan avait été l'un des rares à s'élever contre ses excès et à fustiger ceux-là mêmes qui la réclamaient après avoir été les champions de la liberté, contre la barbarie nazie. « Je n'ai d'indulgence pour aucune faute ; j'en ai pour tous les coupables. » Peut-être en le lisant ont-ils éprouvé cette même honte au spectacle de la versatilité des hommes et de leur justice. À celui aussi, sans cesse renouvelé, de la revanche des vainqueurs sur les vaincus de l'Histoire.

Les talibans avaient créé un « ministère du Vice et de la Vertu » à Kaboul en 1996. Foin de barbes et de burqas. Nous avons le nôtre, comme une chanson douce, mais nous ne le savons pas.

Bonaparte et Monsieur Macron

Les journalistes en font des gorges chaudes et ne cessent d'en parler. Certains en ont même publié des livres. Notre actuel président de la République leur fait irrésistiblement penser à Napoléon Bonaparte, quand ce n'est pas à son neveu Louis-Napoléon. C'est surtout à celui du Consulat, pas à celui du sacre et de l'Empire qu'ils pensent. Vous me direz, ils avaient déjà fait le coup avec Sarkozy il y a quelques années. Plus l'Histoire leur échappe (surtout à ceux qui s'en réclament), plus ils se montrent friands de ce genre de comparaisons aussi séduisantes qu'improbables compte tenu de la distance des temps et de la différence des contextes. Ils ne sont pas les premiers. Lucien, le frère de Bonaparte, s'était déjà livré à ce jeu très politique en publiant en 1800, au tout début du Consulat, un tonitruant *Parallèle entre César, Cromwell, Monck et Bonaparte*. Des trois premiers, on devine à qui le dernier devait ressembler. Mais les exemplaires du livre avaient été saisis par la police de

Fouché. Il n'était pas encore temps, c'était imprudent. Bonaparte avançait masqué. Le pouvoir personnel, ce serait pour plus tard, en 1802, et surtout en 1804 avec la proclamation de l'Empire. Depuis, il n'est pas un de nos hommes politiques contemporains qui n'ait eu droit à son parallèle. De Gaulle avec Louis XIV, l'un comme l'autre assis sur la grandeur de la France et la raison d'État, Giscard avec Louis XV, Mitterrand « le Byzantin » avec Mazarin et même avec Talleyrand. On ne prête qu'aux riches !

Il est vrai qu'à première vue, il peut paraître séduisant de rapprocher Emmanuel Macron de l'homme du 18 Brumaire. L'un et l'autre sont jeunes et conquérants. Le premier accède au pouvoir à quarante ans, le second à trente. L'un et l'autre partagent ce même goût, d'ailleurs plus politique que romantique, pour la gloire et les héros. L'un et l'autre ont aimé et aiment des femmes plus âgées qu'eux, qui, elles aussi, se ressemblent un peu par leur charme et leur aura, si l'on excepte toutefois, du côté de Joséphine, Barras, le capitaine Charles et quelques autres amants ! La Révolution aussi les rapproche dans leur volonté commune d'en finir avec elle. Au lendemain du 18 Brumaire, le premier consul avait fait tenir sa pensée et son programme en quelques mots : « La Révolution est fixée aux principes qui l'ont commencée, elle est finie. » C'était sans compter sur l'incroyable prégnance de la Révolution pendant près de deux siècles. Aujourd'hui, son lointain successeur cherche à débarrasser le pays de ses derniers héritages : les rancœurs, les privilèges et les statuts, les vieux clivages et les vieux partis, enfin tout ce bric-à-brac politique et moral du manichéisme de 1789 qui a longtemps divisé la société française en deux parts presque égales.

Mais la comparaison s'arrête là. Tout le reste est si différent : la nature des régimes que les deux hommes trouvent en arrivant aux affaires, l'état de la société, l'économie, la démographie, l'Europe, le monde. N'en déplaise à nos modernes Cassandre, la France de Bonaparte était infiniment plus divisée et meurtrie qu'elle ne l'est aujourd'hui. Nous sortions alors de près d'une décennie de guerre civile et étrangère, de la Terreur, de l'émigration et de la banqueroute, et pardessus tout d'un prodigieux déplacement des fortunes, des intérêts comme des influences. Ce sont des morts, par centaines de milliers, qui précèdent Bonaparte et le conduisent au pouvoir. Pas Emmanuel Macron !

L'un et l'autre ne sont pas non plus parvenus au pouvoir de la même façon. À ce que je sache, notre président de la République ne l'est pas devenu par la grâce d'un coup d'État, comme Bonaparte. Nous l'avons élu dans le cadre d'institutions légitimes et somme toute solides. D'un côté l'élection, de l'autre les victoires militaires, le plébiscite et pour finir le couronnement de 1804.

C'est bien là que le bât blesse. Le « nouveau monde » d'Emmanuel Macron n'est pas celui de l'homme du 18 Brumaire. Le principe de réconciliation que notre président tente de conduire, comme l'avait fait Bonaparte en son temps, n'emprunte pas les mêmes voies brutales de la rupture et de l'audace. Je trouve même un certain conformisme dans la politique engagée en 2017 : conformisme vis-à-vis des institutions que Bonaparte, lui, bouleverse de fond en comble en revenant sur le principe de l'exercice collectif du pouvoir, conformisme face à l'Europe par son respect affiché – au moins jusqu'à la crise sanitaire de 2020 – des critères financiers et budgétaires de Maastricht, conformisme face au monde par sa volonté proclamée d'y faire mieux entrer la France dans tout ce que cela comporte d'esprit d'ouverture et d'acceptation de la nouvelle donne économique et financière qui régit aujourd'hui notre planète.

On est loin de la politique de fermeture économique et maritime conduite par Napoléon vis-à-vis de l'Angleterre, encore plus loin des royaumes de famille, de la conquête militaire, des marches et des batailles.

On pourrait aussi observer les deux hommes et leurs différences à l'aune de notre devise républicaine. Je trouve pour ma part plus d'attention au principe d'égalité chez l'un, plus de goût et d'envie pour celui de liberté chez l'autre. Mais ce qui les sépare sans doute le plus radicalement, c'est le jeu et le poids des opinions, celui des institutions, des administrations, des procédures et des lois, sans même parler de la place de la France dans le monde. Depuis Bonaparte, ce dernier aussi a changé d'échelle. Il est devenu plus dense, plus peuplé, plus étroit. Le grand air, l'aventure et l'inconnu qu'on y trouvait autrefois n'y ont plus cours. Certes, l'*hubris* habitera toujours les hommes de pouvoir. Bonaparte en avait abusé jusqu'à la catastrophe. De nos jours, ses successeurs en nourrissent leurs rêves à défaut d'y imprimer leurs actes. En un sens, heureusement !

Écrire une vie

Voilà des dizaines d'années que l'on parle du retour de la biographie. La presse s'empare régulièrement du sujet à chaque fois qu'elle cherche à comprendre pourquoi l'histoire reste, bon an mal an, une passion française. Il est vrai que le genre a toujours eu la préférence du « grand public cultivé ». Il y a bien des raisons à cela : le récit mis en scène, le goût de l'intimité, du dialogue silencieux avec un autre, le besoin de s'identifier à une figure du passé. On accède souvent à l'histoire par la biographie. Qui n'a pas fait ses premières armes « historiques » en lisant le *Bernis* de Roger Vaillant, le *Fouquet* de Paul Morand ou le *Marie-Antoinette* de Stefan Zweig ? Les éditeurs le savent et en rajoutent. Les ventes moyennes d'une biographie dépassent presque toujours celles d'un essai ou d'une monographie.

Pourtant, du côté des historiens eux-mêmes, les choses sont un peu plus compliquées. Jusque dans les années 1980, la biographie n'avait pas bonne presse à l'université et sentait un peu le fagot. Abandonnée aux vulgarisateurs de l'Histoire, les Decaux et les Castelot, regardés – à tort – avec un certain mépris, voire avec une certaine condescendance, elle était accusée de tous les maux et surtout de bâtardise, quelque part entre la littérature et l'histoire. Le biographe passait pour une sorte de maître Jacques de la discipline, à la fois géographe, historien de l'art, généalogiste, un peu psychologue, « spécialiste » de tout : de la société, de l'économie, des idées, de la politique. À force de toucher à tout, il n'était bon à rien. La biographie était surtout tenue pour incapable de satisfaire aux méthodes intrinsèques de la pratique historienne : le choix de la question posée par l'historien à son sujet, l'adéquation de son champ thématique au temps chronologique de son étude, la quête et la critique de ses sources. L'école des Annales était un peu passée par là, qui avait mis l'individu entre parenthèses, avec son goût des séries, des corpus homogènes et d'une histoire « totalisante ».

D'aucuns considèrent que le retour des historiens à la biographie aurait été annoncé par le *Louis XI* de Kendall en 1976 puis « sanctifié » par le *Saint Louis* de Jacques Le Goff publié chez Gallimard en 1996. Dans l'introduction de son livre, l'éminent médiéviste définit en partie le problème : la crise des Annales dont il est par ailleurs issu, l'avènement des sciences sociales mettent de nouveau la biographie au cœur des préoccupations historiennes. Il est possible selon lui de sacrifier au récit, de produire ce qu'il appelle des « effets de réel » sans rien oublier des pratiques et des méthodes de l'historien, en particulier la critique et l'analyse de ses sources. La biographie ne serait ainsi plus une « illusion », pour emprunter l'expression à Pierre Bourdieu, la reconstitution faussement authentique d'un destin, mais un terrain d'études comme un autre pour l'historien, à condition que ce dernier sache adapter et ancrer le temps biologique d'une vie au temps long de l'histoire. La réponse donnée par Le Goff dans sa magistrale biographie de Saint Louis à la question qu'il pose n'est pourtant que partielle dans la mesure même où il choisit de diviser son ouvrage en trois grandes parties, selon la vie, selon les sources et selon les thèmes fondamentaux qui façonnent la personnalité de Louis IX.

Comment alors l'historien peut-il renouveler la biographie dite classique sans s'enfermer d'un bout à l'autre dans les contraintes chronologiques de son sujet, tout en procédant dans le corps même de son récit à la critique permanente de ses sources, et tout en choisissant ces dernières de manière à ne jamais perdre de vue son personnage sans pour autant oublier les époques dans lesquelles il a vécu ? Si, au bout de sa recherche, celui-ci lui donne mieux à comprendre le passé que d'autres, alors il aura gagné son pari. Comme si le biographe avait affaire à un jeu de clés et de serrures et qu'il lui faille trouver la bonne clé pour ouvrir la bonne serrure et, partant, pousser la bonne porte.

La solution à ces questions se trouve peut-être du côté de l'histoire culturelle dont nous avons hérité de nos amis américains, à la fin des années 1980. L'attention portée par les historiens de la culture aux représentations, aux déformations des récits qui disent l'Histoire les a conduits à s'intéresser à deux problèmes qui sont à mon sens au cœur de l'exercice biographique, le plus difficile et le plus complexe qui soit offert à l'historien.

Le premier tient à l'imprégnation des sources de différentes natures, entre elles. On sait par exemple l'influence qu'eurent, au XIXe siècle, les romans sur l'écriture des Mémoires et des souvenirs historiques. À l'historien de démêler l'écheveau de ces influences afin de lire ses sources au plus juste.

Le second tient au retour du sujet. On n'interroge jamais mieux la subjectivité d'un récit qu'en se posant la question de celui qui l'a écrit : l'univers culturel dont il a hérité, ses origines sociales, ses influences, sa sensibilité, les rapports de temps aussi, plus ou moins longs, qui peuvent exister entre le moment où il rédige la relation d'un événement et le moment où ce dernier est advenu. On ne raconte pas un événement de la même façon dans une lettre écrite « à chaud » ou dans des Souvenirs plus tardifs avec ce qu'ils supposent d'oublis et de réinvention.

J'en ajouterai un troisième qui est à mon sens au centre de l'exercice biographique, c'est celui de la mémoire. Longtemps après la disparition de l'individu auquel on s'intéresse, celle-ci continue évidemment à le « travailler », à le dénaturer, sinon à le transformer. La mémoire est soumise aux circonstances, au temps qui passe, aux partis pris et bien souvent à la morale, toutes choses dont l'historien doit soigneusement se méfier. C'est pourtant par elle que les individus survivent. Le rôle du biographe consiste précisément à en démêler les plis, à démasquer le mythe. L'humanité, la complexité de son personnage y gagneront d'autant.

Enfin, le biographe aura beau chercher à éviter les préjugés, il aura beau se méfier des séductions de son personnage, il habite forcément son récit. Nous ne vivons pas dans une tour d'ivoire. Nous sommes sensibles à notre propre histoire, à nos origines, à notre temps. On ne pose pas les mêmes questions à un personnage du passé : Richelieu, Fouché ou Talleyrand pour reprendre ceux sur lesquels j'ai travaillé, selon que l'on vit au début du XXe siècle, entre les deux guerres ou au XXIe siècle. Georges Lacour-Gayet était obsédé par la question franco-allemande lorsqu'il écrivait son *Talleyrand* dans les années 1930. J'ai rédigé le mien au début des années 2000 à la lumière de la construction européenne.

Tout cela entre bien dans la « composition d'une vie », pour reprendre la belle expression de Sainte-Beuve. C'est grâce à cela que le biographe saura passer de l'autre côté du miroir, « écrire une vie », saisir son personnage au plus près de ce qu'il a été.

Comme l'histoire, la biographie est une construction. À la manière d'un archéologue qui se promènerait dans des ruines, il sait bien qu'il ne rebâtira pas ces dernières « au modèle » ou « à l'identique ». Il sait bien que, forcément, il les habitera un peu. Il sait aussi que le récit qu'il va conduire procède d'une sorte de quadrature du cercle. La recherche, les questions et l'analyse d'un côté, l'écriture et le récit de l'autre avec ce que cela comporte de choix, d'arbitraire, d'effets de surprise, de vitesse et de lenteur. Un biographe qui se respecte doit commencer par monter ses fondations, à condition toutefois de ne pas les laisser voir à son lecteur et c'est bien toute la difficulté. Sans elles pourtant, son récit ne saurait exister.

Le pari biographique passe autant par l'apprentissage du temps que par le plaisir d'écrire. Il constitue pour l'historien et son lecteur le plus beau des paradoxes.

Une foule de morts

Je me souviens de mes longues semaines fébriles et studieuses d'autrefois, lorsque je préparais mon concours d'agrégation, au début des années 1980. Nous nous étions réfugiés avec quelques camarades dans une vieille maison d'un petit village de la Creuse, près de Guéret. Entre deux répétitions, nous nous promenions le soir dans la campagne encore hivernale de mars. C'était bien après l'époque où un géographe célèbre, Jean-François Gravier pour ne pas le citer, dissertait de Paris et du « désert français ». J'en faisais là, presque physiquement, l'expérience. Les hameaux que nous traversions étaient presque tous vides, sans lumières et sans vie. Ils ne nous montraient que leurs morts soigneusement inscrits sur un monument à l'effigie d'un soldat ou d'une mère éplorée, ou plus simplement en forme de pyramide tronquée qui ordonnait les maisons alentour et en formait le centre. À chaque fois, j'avais l'impression qu'on me faisait un signe, comme le ferait la tour de guet d'une mémoire qui aurait eu pour seule raison d'évoquer la grande catastrophe de nos guerres innombrables. J'avais noté déjà à l'époque combien celle de 1914 dominait toutes les autres par le nombre impressionnant des noms de ceux qui y avaient succombé.

J'écris cela trente ans plus tard aux confins de la Lorraine où je passe quelques jours entre deux conférences. Là aussi, rien n'a changé et les morts de la Grande Guerre, « victimes des hordes ennemies » précise une inscription, sont toujours là sagement alignés sur leur monument, tout près de la maison dans laquelle je me trouve. Ils nous rappellent l'immense traumatisme qu'a été ce conflit, non seulement par le nombre de ses tués : 1 500 000 rien qu'en France et plusieurs millions de blessés, sur une population d'environ 36 millions d'habitants – mais parce qu'ils restent les témoins silencieux d'un tournant irréversible de l'histoire de notre pays, un peu comme l'avait été la Révolution en 1789.

La guerre de 1914-1918 présente ce paradoxe d'avoir été la première guerre industrielle et mondiale de la longue litanie de nos conflits, et en même temps la dernière guerre d'une France à jamais révolue : une France rurale, hiérarchisée et encore cloisonnée, faite de propriétaires et de paysans, où l'on parlait le patois, où l'on marchait par villages entiers. La révolution de 1789 avait marqué la fin d'une très vieille société d'ordres, de libertés, de coutumes et d'innombrables privilèges qui nous servent aujourd'hui à qualifier ce qu'on appelle l'Ancien Régime. La guerre de 1914, elle, aura enseveli avec ses morts une société paysanne et bourgeoise séculaire, aristocratique aussi par certains aspects, et qui n'allait pas lui survivre. Un monde d'avant.

Mais, à la différence de la Révolution dont la mémoire s'est construite sur l'oubli de ce qui avait précédé, de l'iconoclasme terroriste de 1793 à la destruction de nombre d'édifices « aristocrates » ou religieux, le souvenir de la Grande Guerre s'est littéralement nourri – particulièrement dans les années 1920 – d'une manie monumentale qui marque encore aujourd'hui durablement nos paysages. Du plus spectaculaire, comme l'extraordinaire monument anglo-indien construit à Thiepval en forme d'arc de triomphe par l'architecte Edwin Lutyens, en souvenir des 75 000 victimes des batailles de la Somme de 1916, jusqu'aux plus modestes édicules du plus modeste de nos villages. Bien avant Oradour-sur-Glane, on avait même voulu conserver en l'état les ruines de certains villages martyrs – comme celui de Mouchy-le-Preux dans le Pas-de-Calais – pour mieux pérenniser dans l'esprit des populations la cruauté des bombardements allemands. Les flammes de la cathédrale de Reims aussi sont restées durablement dans nos imaginaires jusqu'à celui du jeune Marcel Proust qui la pleurait déjà en septembre 1914.

Pour une fois, et au-delà des intentions politiques des hommes de la IIIe République, ces émouvants cénotaphes, ces interminables listes de noms disent parfaitement le choc et le vide émotionnel de nombre de ceux qui, il y a maintenant plus de cent ans, avaient eu à souffrir de cette expérience. Je pense à l'une des plus belles lettres du surréaliste Jacques Vaché, écrite à André Breton peu avant son suicide en décembre 1918. « Je sortirai de la guerre doucement gâteux, peut-être bien, à la manière de ces splendides idiots de village (et je le souhaite). […] Je suis on ne peut plus à bout… » Les grands chamboulements de l'esprit, le saccage d'une culture bourgeoise et élitaire tenue pour responsable de la catastrophe, du mouvement Dada jusqu'au surréalisme, sont nés de cette guerre-là. Pour la première fois on s'est demandé pourquoi. Il ne s'agissait plus de vivre mais de survivre. « Comment respirer au milieu de tant de haines ? » s'interroge déjà Zweig en 1914. Toute l'histoire du XXe siècle se résume presque à cette question, comme si l'on avait dessiné à l'aveugle et pour plus d'un demi-siècle une vertigineuse diagonale du fou.

Solitude du pouvoir

On se rappelle le mot de Napoléon alors qu'il entrait pour la première fois aux Tuileries peu après le coup d'État de Brumaire, et qu'il parcourait ses salons abandonnés. C'est « triste comme la grandeur ». Il savait bien ce que le pouvoir contient de solitude et d'enfermement, surtout lorsqu'il est absolu. Cet isolement-là est d'abord imperceptible. Vos conseillers vous parlent au début, puis ils n'osent plus vous contredire, puis ils finissent par vous dire ce que vous voulez qu'on vous dise. Vous écoutez d'abord et puis vous n'entendez plus rien. Talleyrand en souriait dans les dernières années de l'Empire. « Que voulez-vous faire d'un homme qui pour toute conversation n'a que celle de M. Maret ? » Maret passait pour être l'âme damnée de Napoléon, son homme lige dont la volonté était tout entière celle de son maître.

Sous la monarchie pourtant, l'exercice solitaire du pouvoir était considéré comme une sorte de modèle idéal classique. La solitude était en quelque sorte consubstantielle à la personne même du monarque. Qu'on relise les Mémoires de Louis XIV. « L'autorité partagée n'est jamais si forte que lorsqu'elle est toute réunie dans une seule personne. » En toutes choses, le monarque entendait garder le contrôle de son jugement. L'absolutisme ne voulait pas dire pour autant qu'il avait la main sur tout – on l'a, de ce point de vue, trop souvent confondu avec le despotisme –, mais qu'il se devait de conserver une entière liberté de décision dans le respect de ses prérogatives et l'indivisibilité de son pouvoir. Le monarque absolu est donc le seul à pouvoir juger des intérêts de la nation. Bien que quasiment détrôné, le dernier d'entre eux, Louis XVI, le pensera jusqu'au bout, jusqu'à sa déclaration du 3 août 1792 quelques jours avant la prise des Tuileries : « Je ne fais qu'un avec la nation. »

La cour tout comme le secret des décisions et des comptes du gouvernement du roi participaient pleinement de cet exercice absolutiste du pouvoir. La cour, par l'étiquette et l'apparat, était censée relever la splendeur du trône. Quant au secret, il contribuait au mystère de la fonction, dans le silence des volontés du monarque. « C'est la gloire d'un grand roi d'être secret en ses conseils. Et l'on ne peut lui faire une injure plus sensible que de vouloir pénétrer dans ses intentions » (Le Bret). Il ne pouvait en être autrement, étant donné l'origine divine du pouvoir monarchique. La proskynèse – la prosternation puis la génuflexion –, héritée des anciens empires d'Orient, en marquait la liturgie. Dans la mesure même où la monarchie reposait sur l'arbitraire de la naissance, tout, autour d'elle, devait être conventions, cérémonies, préséances, mystère et crainte. La monarchie est morte en juin 1789 le jour où Bailly, premier président de l'Assemblée nationale, a refusé de s'agenouiller devant Louis XVI. Elle est morte une deuxième fois lorsque, aux états généraux, les députés du tiers état décidèrent de livrer leurs débats à la transparence de l'opinion. Jusqu'alors l'État et la nation n'étaient pas dans les sujets mais dans le monarque. La solitude de ce dernier était inhérente à la sacralité de sa fonction, à son corps immortel que Kantorowicz oppose très justement à son corps physique et corruptible : « Le roi est mort ! Vive le roi ! »

En faisant de ses anciens « sujets » des « citoyens », en le dépossédant de ses fonctions de protecteur et de guide, comme le pasteur le serait de son troupeau – fonctions qui lui avaient été conférées par le sacre –, la Révolution le désacralise et, surtout, elle lui enlève tout pouvoir d'incarnation en le séparant de la nation. Le roi n'est désormais plus que le « premier fonctionnaire de l'État ». N'étant plus unique, il n'est plus seul.

Qu'en est-il aujourd'hui sous notre quasi-monarchie républicaine ? Nos récentes interrogations, d'ailleurs renouvelées à chaque élection, sur la capacité de notre président à incarner sa fonction en disent long sur ces ambiguïtés de représentations. De ce point de vue, la présidentialisation du régime depuis le passage au quinquennat en 2000 et par voie de conséquence la concomitance de l'élection présidentielle avec les élections législatives n'ont pas peu contribué à fragiliser la fonction. Cela se voit depuis trois ans avec Macron. Un jour, on le trouve trop « vertical », le lendemain, on lui reproche d'être omniprésent, on le juge trop bavard, trop interventionniste, trop touche-à-tout. On ne comprend plus rien d'un président qui tour à tour se dérobe et s'expose. On lui prête des pouvoirs d'essence quasi monarchique et, en même temps, puisque, par le suffrage universel, il émane de la souveraineté du peuple, on répugne à le voir exercer le pouvoir en solitaire.

Au fond, peu importe la nature de la souveraineté, qu'elle soit héréditaire ou élective. La solitude est inhérente au pouvoir. Elle en est sa marque et comme sa signature. Son talon d'Achille aussi. Tous les présidents de notre Ve République l'ont éprouvé à un moment ou à un autre de leur mandat. « Aujourd'hui, je suis seul », écrivait Georges Pompidou à son ami Robert Pujol, le jour même de son entrée à l'Élysée – qu'il comparait par ailleurs à une prison –, en juin 1969. La responsabilité, tout comme la décision, ne se partage pas. Il n'est pas d'autre explication au secret si longtemps maintenu sur l'état de santé de Pompidou puis de François Mitterrand. Présider, c'est décider, c'est aussi parfois porter seul le poids des drames et des morts. Je me souviens encore de la gravité du visage de Nicolas Sarkozy, dans la cour des Invalides, le jour de l'hommage aux dix soldats français tués en Afghanistan, peu de temps après son élection : ce fut le seul moment de son mandat où il ait été parfaitement immobile… Et du visage de François Hollande, le 13 novembre 2015, après l'attentat du Bataclan. C'est peut-être dans ces moments-là que l'un et l'autre ont su que leur fonction les dépassait absolument, au point qu'ils ne s'appartenaient plus. La transparence et les médias n'y changeront rien. Le style et la manière des uns comme des autres non plus. La solitude demeure.

Il y a dans ce face à face du pouvoir et de celui qui l'exerce quelque chose qui relève forcément de la conscience d'un destin particulier, bien au-delà des urnes. Bonaparte, après Brumaire, parlait sans cesse de son étoile. Il croyait en la « fortune », tout comme le roi Louis XVIII, le frère de Louis XVI, croyait en la Providence. « Il ne perdit jamais, commente Chateaubriand à propos de ce dernier, la prééminence de son berceau », même dans les pires moments, même en exil. Tout cela n'est pas forcément rassurant et ne nous protège en rien des catastrophes, au contraire, mais raconte quelque chose de ces hommes-là. La Providence et la fortune, sa compagne laïque, sont parfois volages et infidèles. Elles n'en font pas moins du pouvoir une évidence aux yeux de ceux qui l'exercent au plus haut niveau.

L'ère du soupçon

La politique est née en 1789 et avec elle, le soupçon. Ce soupçon-là n'est pas l'enfant de la sagesse. Il n'entre dans aucun théorème ni dans aucune logique. Il est sans cesse habité d'imaginaires, de fantasmes, de jalousie ou de peur, de rivalités et de défis. Il est à l'inquiétude ce que le monstre invisible est aux eaux du loch Ness.

Le remplacement de l'hérédité monarchique par l'élection, le passage d'une société d'ordres, de communautés et de corporations à une société égalitaire et atomisée, faite d'individus isolés à qui l'on a donné la liberté en échange d'une délégation de pouvoir, ont sans doute créé les conditions de son épanouissement.

La souveraineté n'est pas partageuse, surtout lorsqu'un peuple tout entier l'exerce. Cela crée forcément des rancunes, des frustrations, des laissés-pour-compte. Tocqueville a tout dit de ces faiblesses-là. La tyrannie épargnait l'âme et frappait le corps. En démocratie, le fait majoritaire laisse le corps vide et va droit à l'âme. « Le maître ne dit plus : vous penserez comme moi ou vous mourrez. Il dit : vous êtes libre de ne point penser ainsi que moi. Votre vie, vos biens, tout vous reste ; mais de ce jour, vous êtes un étranger parmi nous. » On peut, dans nos sociétés démocratiques, éprouver ce sentiment de l'exil. On peut aussi s'y épanouir, mais dans tous les cas cela n'ira jamais sans méfiance : contre son voisin, contre le pouvoir, contre nos gouvernants et leur façon de l'exercer – depuis le plus petit maire de nos villages jusqu'au locataire de l'Élysée.

Robespierre avait, dit Barras, le « génie du soupçon ». Il l'avait placé au cœur de la Révolution et des luttes de factions, jusqu'à l'exercice de la Terreur en 1793. Comment aurait-il pu ne pas l'éprouver, puisque, enfermé dans une République idéale, indivisible et vertueuse, il ne pouvait que s'inquiéter de ceux qui ne s'y conformaient pas ? Au bout de ce soupçon, on trouve très vite des complots, des manigances, des trahisons et, au bout du bout, des morts. Dans ses discours à la Convention nationale comme au club des Jacobins, Robespierre attaquait sans cesse les ennemis de la République, sans toujours les nommer, mais la République avait si étrangement fait de la délation une vertu patriotique que, la peur aidant, l'incorruptible n'avait jamais manqué de partisans.

Le soupçon tuait sous la Révolution. Il tuait sous Vichy. Il ne tue plus aujourd'hui, mais il continue à nous empoisonner l'existence, jusqu'à la frénésie. Une « boîte à folies », disait Emmanuel Macron à propos des polémiques consécutives aux célébrations de Pétain en novembre 2018. C'est à n'y rien comprendre.

Nous savons pourtant que la politique et la démocratie sont nées et se sont épanouies sur une exigence de transparence. Fini le Secret du roi qui prévalait sous Louis XV. Les opérations électorales seraient désormais publiques, la presse libre et les débats parlementaires accessibles à tous. C'était oublier un peu vite qu'il n'est pas d'État, fût-il démocratique, sans ombres et sans silence. C'était méconnaître aussi nos gouvernants et leur instinct de survie. Plus ceux-ci sont confrontés à la puissance de l'opinion, plus ils sont enclins à organiser les stratégies du secret et de l'opacité. Nous, les citoyens, devons être aussi lisibles que possible, par la surveillance et le contrôle, par la science quasi mathématique d'une administration de plus en plus intrusive. Eux, si possible, pas.

Pendant longtemps, le soupçon s'est nourri de ce déséquilibre. Aujourd'hui, et je m'en étonne tous les jours, nos hommes politiques se déclarent prêts à s'immoler sur l'autel de la transparence. Ils prennent même, depuis quelques années, des mesures qui vont dans ce sens. Pauvres hommes politiques qui me font penser à des apprentis sorciers ! Ils auront beau faire, on les suspectera toujours. C'est que le soupçon a trouvé de nouvelles raisons de s'épanouir grâce à la multiplication des réseaux sociaux et à la tyrannie grandissante de l'émotion, qui sont autant de pièges auxquels nos démocraties se font prendre. Comme si la transparence ne pouvait trouver sa fin. Plus on se découvre, plus on est soupçonné de cacher quelque chose. C'est dans la nature humaine. On le vérifie tous les jours ces temps-ci.

Les procédures et les lois n'y changeront rien. Donnez à l'homme les moyens d'exprimer son doute. Vous pouvez être sûr que ce dernier ne cessera qu'avec lui.

Mélancolie des ronds-points

J'aimais autrefois me promener seul en voiture, au petit bonheur la chance, à travers la France des landes et des forêts. C'étaient, l'été, les promenades secrètes et buissonnières de mon enfance. On a les aventures qu'on peut. Je me souviens de la griserie qui à chaque fois s'emparait de moi lorsque, à la sortie d'un village ou d'une petite ville, j'empruntais l'une de ces routes bien droites bordées d'arbres ou de haies vives qui me conduisait vers un monde nouveau, inconnu et désiré, comme une sorte de ligne de fuite, une échappée belle et mystérieuse au milieu du voyage. Julien Gracq a éprouvé cela et le raconte merveilleusement dans ses *Carnets du grand chemin* alors qu'il voyait un jour partir l'un de ses amis sur la route de Saint-Florent-le-Vieil, le long de la Loire. « Le voyage sans idée de retour peut vraiment changer votre vie. » C'était il y a bien des années et tout cela n'est plus. Pas une commune qui n'ait aujourd'hui sa zone artisanale comme autant de tentacules d'une pieuvre monstrueuse qui l'enfermerait dans la laideur, pas une qui n'ait aussi son rond-point.

Ah les ronds-points ! Dans mon département de la Mayenne, je connais peu d'agglomérations, jusqu'au moindre hameau, qui aient su s'en passer. Il y en a près de 50 000 en France. Plus qu'un principe, et on sait comme nous autres Français nous aimons les systèmes et les principes, c'est une manie, une lubie sombre, une obsession. Une sorte de *delirium tremens* d'alcoolique mal repenti. Six fois plus qu'en Allemagne, dix fois plus qu'aux États-Unis. Même l'Angleterre, qui nous avait pourtant précédés dans cette manie, est battue. Nous sommes les champions du monde du rond-point. Et nous en avons payé le prix : 20 milliards d'euros en tout, deux cent mille pour le plus modeste, plusieurs millions pour les plus majestueux. Peu importe que nous soyons surendettés. J'admets volontiers qu'avec certains d'entre eux, on risque moins l'accident qu'à nos vieux carrefours. Mais faut-il en construire autant jusqu'en des endroits où, visiblement, ils ne servent à rien ? Vous me direz, cela fait marcher les services des administrations territoriales, sans parler des entreprises de travaux publics. Les maires et autres présidents de tout (départements, régions, commissions d'urbanisme, enfin toute l'armée mexicaine des édiles locaux), qui pourtant passent leur vie à donner des leçons d'économies à l'État, les aiment passionnément comme ils chériraient l'enfant de leurs amours illégitimes. C'est que le rond-point leur a donné l'occasion unique et inespérée d'exprimer leur génie artistique, toute cette créativité refoulée que le monde entier devrait leur envier. On n'en est plus au délicieux sous-préfet aux champs de Daudet. Vous vous souvenez, celui qui aimait faire des vers en écoutant les petits oiseaux. On en est au maire-amateur-d'art-contemporain et qui l'assume sans complexe. J'avais autrefois un ami conservateur, Laurent Le Bon pour ne pas le citer, qui m'avait écrit un article désopilant sur ce qu'il avait baptisé l'« art giratoire » pour un dictionnaire bien oublié aujourd'hui, consacré aux politiques culturelles de la France de Malraux à Jack Lang. Depuis, c'est encore pire. Si, au moins, on s'en tenait aux ronds-points bucoliques plantés d'herbe et d'arbres, mais la plupart portent littéralement les fantasmes artistiques – ou leur vacuité, comme l'on voudra – de leurs édiles. Il y a de tout sur les ronds-points, il y en a de littéraires, comme celui de Pontarlier qui accueille le masque sinistre et géant d'André Malraux (le pauvre !), il y en a de futuristes, comme l'immense soucoupe volante de celui de La Haye-Fouassière en Loire-Atlantique ou le Spoutnik en fer rouillé de Vitry-sur-Seine dont les Russes n'auraient même pas rêvé. Il y en a surtout beaucoup d'ethnographiques et ce sont les plus rigolos. Plus besoin de guide Michelin. Au cas où vous ne sauriez pas quelle est l'activité de la ville dans laquelle vous entrez, on vous annonce la couleur comme les panneaux sur le bord des autoroutes : « Paysages de Cézanne », ou une betterave dans le Nord, ou des épis de blé dans la Beauce. À Isigny, on a mis des vaches en plastique pour ceux qui auraient oublié qu'on y fait du lait, des clous géants à Rugles dans l'Eure, une barque avec des parcs à huîtres à l'entrée d'Arcachon, une immense bouteille d'eau minérale à Saint-Amand-les-Eaux, des petits sablés à Sablé-sur-Sarthe, j'en passe et des meilleures. On est là quelque part entre Alice au Pays des merveilles, Clochemerle et la foire du Trône. Tout cela respire la mélancolie du vide et de l'inanité. Après tout, les ronds-points sont des *no man's land* contrariants où l'on ne fait que passer. Il n'y a que Raymond Devos pour avoir, dans l'un de ses meilleurs sketches, transformé celui de la place de l'Étoile à Paris en un gigantesque piège à voitures. On peut y entrer mais on ne peut plus en sortir. Les autos y tournent pour l'éternité et tout est prévu : une ambulance pour les conducteurs malades et un corbillard pour ceux qui fatalement finissent par y mourir. Bref, à eux seuls, les ronds-points dont on a beaucoup entendu parler ces temps-ci sont un symptôme de notre schizophrénie. Ils coûtent cher, ils défigurent le pays et on se surprendrait presque à y voir une métaphore de la France qui tourne en rond.

MÉLANCOLIE DES RONDS-POINTS

Les gilets jaunes les ont investis au commencement de leur mouvement, comme si ces lieux vides les renvoyaient à leurs vies anonymes et à leur hantise de n'être plus rien. Ils auraient dû les attaquer au lieu de s'installer dessus.

Du jaune et de quelques autres couleurs

On peut faire beaucoup de choses avec du jaune. Demandez-le aux cocus, aux ouvriers de la voirie, aux automobilistes en panne, aux vainqueurs du Tour de France, aux postiers et à leurs « chariottes du diable », aux chauffeurs de taxis new-yorkais, et même à Oui-Oui qui dans notre enfance se promenait sans cesse dans une voiture jaune à la poursuite des voleurs. Bien sûr on pourrait s'en tenir aux avis des arbitres de la mode et n'en plus parler. Karl Lagerfeld s'est exprimé là-dessus peu avant sa mort, avec sa queue de cheval et son accent inimitable : « Le jaune, c'est moche. Ça va avec rien. » Il y a quelques années, notre sémiologue national ès couleurs, Michel Pastoureau, s'était montré d'un pessimisme plus érudit. Il se disait frappé de voir à quel point les sociétés occidentales s'étaient détournées depuis longtemps de cette couleur tout en précisant qu'elle était l'une des moins aimées des Français. À la fin de l'Antiquité, elle était pourtant presque sacrée. Depuis, l'Église est passée par là. Au Moyen Âge, le jaune est devenu la couleur du mensonge et avec lui celle de la robe de Judas. Le jaune est luciférien, c'est la couleur du soufre. C'est aussi la couleur de la folie. Les nains et autres fous du roi étaient habillés de jaune. On en marquait les maisons des faux-monnayeurs, on en marquera très vite les Juifs, de la rouelle médiévale à la sinistre étoile imposée par le régime de Vichy en septembre 1941. Le jaune et les infâmes qui en firent une couleur infâme. Sous la IIIe République, les « jaunes » et le « syndicalisme jaune », c'étaient aussi les briseurs des grandes grèves des années 1880. Je ne sais pas pourquoi les lignes jaunes qu'on ne devait pas franchir sur nos routes de campagne sont devenues blanches comme les phares des autos, mais tout laisse à penser que le mouvement des gilets jaunes, apparu sur les ronds-points en novembre 2018, a dû contribuer à rendre l'ancienne couleur des fous (dans sa version fluo) plus populaire, quand il n'a pas divisé une fois de plus les Français. Je suis persuadé pour ma part que celui qui le premier a eu l'idée de porter un gilet de cette couleur en signe de reconnaissance n'a pas peu contribué à la notoriété du mouvement. À tel point que ceux qui s'y opposent défilent… en rouge. Sans parler du mouvement des « gyros bleus » et autres « stylos noirs ». Tout cela a un petit côté « guerre des boutons » qui réjouirait Yves Robert.

C'est curieux, cette manie qu'ont les Français pour les couleurs. Comme si nous avions toujours accordé plus d'importance à la forme qu'au fond et préféré au sens, les signes et les symboles. On pourrait écrire toute une histoire politique de notre pays en ne parlant que d'elles. Le bleu était capétien et le blanc Bourbon depuis le fameux panache d'Henri IV. On avait bien dû le suivre un peu puisque le Béarnais finira par gagner la bataille d'Ivry et par entrer dans Paris. Tous les partis, toutes les factions ont eu leurs couleurs et se sont écharpés à qui mieux mieux pour les défendre. À l'époque de la Ligue puis de la Fronde, on voulait faire honneur aux dames et on portait des écharpes. Elles étaient noires en signe de deuil pour les ligueurs, depuis que leur chef le duc de Guise avait été assassiné sur ordre d'Henri III à Blois en 1588, rouges pour les royalistes. Plus tard, on portera les couleurs de son roi à son chapeau, sur une cocarde. Lorsque, le 17 juillet 1789, Louis XVI forcé de se rendre à Paris après la prise de la Bastille met à son bicorne les deux couleurs bleue et rouge de la révolte parisienne que lui tend Bailly, tout le monde comprend dans l'instant qu'il n'est plus roi. La Fayette aura beau y ajouter le blanc royaliste en signe de réconciliation des Français, on n'en continuera pas moins à s'étriper pour des couleurs. Toute l'histoire des révolutions du XIXe siècle est traversée de ces batailles-là. Dans une France encore peu alphabétisée, l'expression politique passait par des gestes et des symboles. Entre l'« antique couleur » de la monarchie et les « couleurs nationales », on se compte et on s'identifie pendant près d'un siècle en brûlant le drapeau de l'adversaire, en crachant sur sa cocarde, en l'arrachant ou en la piétinant.

Cette guerre des couleurs fut particulièrement intense sous les Cent Jours, en 1815. On sait qu'à son retour à Paris après Waterloo, le vieux roi Louis XVIII, après avoir longtemps hésité, avait fini par conserver le blanc de ses ancêtres. Cela ne durera que quinze ans jusqu'en 1830 et cela finira plus tard par coûter son trône à son descendant, le comte de Chambord. Souvenez-vous de ce qu'il disait du drapeau de ses ancêtres : « Il a flotté sur mon berceau, je veux qu'il ombrage ma tombe. » Et le dernier rejeton de la branche aînée des Bourbons ira mourir en exil, à Frohsdorf, en Basse-Autriche, en 1883. Fouché, le diabolique ministre de la Police de Napoléon, avait très bien compris l'importance de ces choses-là. « Cette question, frivole en apparence, décide de tout. La couleur du ruban décidera de la couleur du régime. » À chaque époque, à chaque régime, à chaque révolte ses couleurs. Très bien. Seulement, depuis deux cents ans, la liberté, l'égalité et la fraternité repeintes en bleu-blanc-rouge ont bon dos. Je ne sais pas quelle est la couleur de la patience mais on devrait en trouver une. La République a des airs de vieille dame grise. C'est Apollinaire qui a raison : « Comme la vie est lente / Et comme l'Espérance est violente. »

Nos princes ont un visage

Quitte à me voir reprocher de m'occuper de choses inutiles, ou surannées, je suis allé récemment à Versailles découvrir les salles du château consacrées à l'histoire des régimes qui au XIXe siècle se sont succédé en rangs serrés après la Révolution et l'Empire. La Restauration, la monarchie de Juillet, la Seconde République, le Second Empire, etc. J'y ai vu beaucoup de rois, d'empereurs, de généraux, de ministres, tels les fantômes un peu fanés d'un monde révolu. Une galerie de spectres. Entre tous, j'ai de l'affection pour le vieux Louis XVIII, le frère cadet de Louis XVI, le « gros cochon », comme disaient les grognards de Napoléon, le « roi philosophe » écrit aussi Mme de Staël. Après tout, il est le seul de nos souverains depuis son frère aîné jusqu'à Napoléon III à être mort sur son trône, aux Tuileries, en 1824. Tous les autres sont partis en exil. Il existe plusieurs portraits de lui à Versailles, de ces grandes machines d'apparat reproduites à la commande où le souverain est représenté en pied, en costume de sacre, revêtu du manteau royal bleu fleurdelisé, le sceptre à la main, la couronne fermée et la main de justice posées sur un coussin à côté de lui. C'était pourtant après la Révolution, en 1814 ! Tous les Bourbons, depuis Louis XIV, sont représentés comme cela. Des visages figés pour l'éternité, dans la distance du temps et le silence des pigments. Des portraits qui nous en disent aussi beaucoup sur la nature du pouvoir monarchique et sur ses légitimités. C'est moins l'homme que sa fonction qui est représentée ici. Les *regalia* – le sceptre, la main de justice et la couronne – représentent les trois pouvoirs : l'exécutif, le législatif et le judiciaire, confiés par Dieu au roi, qui caractérisent l'unicité de son commandement mais aussi son pouvoir thaumaturgique, son devoir de guide et de protecteur. Le roi est le berger de son peuple. Ces tableaux-là sont saturés de symboles. Ils étaient ce qu'on pouvait faire de mieux et de plus achevé à l'époque en matière de propagande et de contrôle des images.

Ce n'est pas seulement le passage de la peinture ou de la gravure à la photographie qui depuis a changé les choses. C'est surtout l'avènement de la République et de la démocratie. Tout le monde aura constaté en regardant les images officielles de nos présidents de la Ve République la disparition progressive des symboles de leur pouvoir. Le général de Gaulle et Georges Pompidou portaient encore le collier de grand maître de l'ordre de la Légion d'honneur – et aussi celui de grand maître de l'ordre de la Libération pour le Général –, François Mitterrand s'est fait représenter assis sur fond de bibliothèque un livre à la main, en honnête homme beaucoup plus qu'en président de la République, tout comme Emmanuel Macron. Quelques livres apparaissent encore – mais plus discrètement – au second plan : Stendhal, ce qui n'est pas pour me déplaire, Gide et les *Mémoires de guerre* du Général. Pour le reste, Macron pose debout devant une fenêtre ouverte sur les jardins de l'Élysée comme si la démocratie élective n'était plus ni visible ni représentable. Seuls les deux drapeaux français et européen disent un peu de l'époque et du régime dans lesquels nous vivons. Ces images-là, affichées dans toutes les mairies de France, gardent pourtant un certain poids si j'en crois les militants de la lutte contre le réchauffement climatique qui ont récemment choisi de « déménager » celles de notre actuel président des cimaises de plusieurs de nos mairies en signe de protestation contre sa politique. « Macron nous balade ; baladons-le. »

Ce qui domine pourtant, c'est que moins la fonction présidentielle est montrée, plus les visages de ceux qui l'exercent se multiplient. Bouteflika s'est fait débarquer en Algérie parce qu'« on ne le voyait plus ». Cette proximité immédiate et omniprésente des visages du pouvoir en dit long sur nous-mêmes comme sur les rapports d'identification personnelle que nous entretenons avec nos gouvernants. En juin 1791, c'est à peine si le maître de poste Drouet avait reconnu Louis XVI à Varennes, parce que son profil et son nez proéminent avaient été reproduits sur des pièces de monnaie. Le narcissisme a toujours été le signe et l'avatar de nos grandes crises politiques. Jamais les portraits anonymes et les miniatures peintes n'ont eu autant de succès qu'au début de la Révolution. C'est ce qui a fait la fortune d'un Isabey ou d'un Gérard. Aujourd'hui, nous sommes tout autant photographiés que photographes. Logiquement, notre président est partout, démultiplié à l'infini et séquencé en fonction de nos humeurs, de notre bienveillance ou de nos mécontentements. Il ne s'appartient plus. Si nous le voulons hiératique, une photo nocturne nous le montrera figé et solennel dans la cour du Louvre, si nous le souhaitons fatigué, il en existera une autre, regard perplexe, le doigt posé sur des lèvres serrées, si nous le voulons amoureux, nous le verrons souriant et détendu à côté de Brigitte. Le pouvoir démocratique ne réfléchit plus qu'un visage sans repos ni raison, toujours changeant et innombrable. Il ne dit plus rien de ses continuités comme de ses légitimités, mais il montre tout de ses fragilités. Comme si nous entretenions avec lui, à travers ses images, l'humeur capricieuse et délétère que Baudelaire prête à ses lecteurs au début des *Fleurs du mal* :

> Il rêve d'échafauds en fumant son houka.
> Tu le connais, lecteur, ce monstre délicat,
> – Hypocrite lecteur, – mon semblable, – mon frère !

En grève !

Ah Dieu ! que la guerre est jolie
Avec ses chants ses longs loisirs.

On peut, comme Apollinaire, aimer la guerre et son souvenir comme on aurait la nostalgie des grandes manifestations de notre enfance. Celles d'aujourd'hui sont trop proches pour être belles. Je me souviens de ma déception d'avoir été envoyé à dix ans en Angleterre. C'était en mai 1968. Les écoles étaient en grève et mes parents y avaient vu l'opportunité de m'y faire apprendre les langues étrangères. J'ânonnais celle de Shakespeare quand en France mes petits amis se la coulaient douce. Je trouvais cela injuste. Plus tard, je me suis rattrapé. Ah ! les belles manifestations de ma jeunesse, celles contre les lois Savary sur l'université et les grandes écoles en mai 1983, celles de 1986, trois ans plus tard, contre le projet de loi Devaquet. Je n'avais jamais entendu parler de l'un ni de l'autre, je me fichais comme de l'an quarante de ce qu'ils nous voulaient. Ils avaient mis les étudiants dans la rue et c'était comme une grande et délicieuse récréation, des jours d'école buissonnière entre deux cours à déambuler narines ouvertes le long des grands boulevards. J'étais jeune, il faisait beau, les filles étaient jolies. Elles avaient la démarche légère et mon âme l'était aussi.

Je n'ai repensé à tout cela que bien plus tard et un peu par hasard, au musée d'Orsay, devant un tableau d'André Devambez, l'un de ses plus célèbres, intitulé *La Charge*. Il représente en une sorte de plongée nocturne hallucinée un bout du boulevard Montmartre à l'époque des « réclames » et des premiers réverbères électriques. Le long d'un trottoir animé, un cordon de policiers charge un groupe de manifestants réfugiés en une masse confuse et noire dans le bas du tableau. Entre les deux, on ne voit que l'espace lumineux de l'asphalte. Un immense vide.

Ce tableau-là est comme une allégorie de toute notre histoire. Il n'y a pas d'autres pays que le nôtre où la politique s'est faite aussi souvent dans la rue et se mesure encore aujourd'hui – n'en déplaise à Raymond Barre – à la longueur de ses cortèges. Nous sommes bien les seuls à ne pas nous étonner d'avoir à vivre des semaines entières dans un pays totalement bloqué, à la grande stupeur de nos voisins qui nous regardent alors comme on le ferait d'une tribu aborigène au fond d'une savane exotique. Tristes tropiques !

Avec nos 114 jours de grève par an (en 2019) contre 6 aux États-Unis, et cela pour le seul secteur privé, nous sommes les champions du monde de la discipline.

Tout se passe comme si nous étions encore aujourd'hui les héritiers d'un unique et long affrontement entre deux légitimités : celle des urnes et de la représentation parlementaire ; celle du « peuple » – mais de quel peuple parle-t-on ? –, de sa puissance symbolique, de sa souveraineté éminente et de l'expression immédiate de sa volonté. La rue contre les urnes. Cela a commencé sous la Révolution quand les sans-culottes parisiens marchaient sur la Convention, s'est poursuivi de barricades en barricades tout au long du XIXe siècle, s'est prolongé dans les grandes grèves sociales de la Belle Époque, dans les manifestations monstres de février 1934, dans celles du Front populaire, jusqu'à Mai 68. Et cela dure encore. Comme si, en France, la conquête et l'occupation durable de la rue – cet espace lumineux et vide que représente Devambez dans son tableau – était l'expression par excellence de la légitimité de tout un peuple contre la légalité de ses gouvernants. Un véritable enjeu de pouvoir. Cette opposition-là aussi est vieille comme la Révolution, depuis le « droit à l'insurrection » de la Constitution de l'an I (1793). De Gaulle s'en est réclamé contre la légalité douteuse du gouvernement de Vichy, à Londres en 1940, au nom de « l'intérêt du pays » et de « l'urgence nationale ». Et Sartre tout autant, en 1973, lorsqu'il avait repris dans *Les Temps modernes* le slogan des manifestants de 68 : « Élections, piège à cons ! »

Si, aujourd'hui, le principe de la souveraineté du peuple est admis après avoir été longtemps contesté, celui de la légitimité morale de la République « telle qu'elle est constituée » ne l'est pas toujours. Au nom même de son idéal et du vertige inatteignable de ce qui la fonde : la liberté, l'égalité, la fraternité, on n'en aura jamais fini de dénoncer, dans l'ombre portée de la légalité, la corruption par l'argent, la violence sociale ou les insuffisances du droit d'élire. C'est encore de Gaulle qui le disait : « Si la légalité est défaillante, la légitimité doit s'y substituer. » Nous serons encore longtemps habités de cette utopie si française.

Alors qu'il était sur le point de commencer à peindre sa *Liberté guidant le peuple* dans son atelier du 15, quai Voltaire, Delacroix écrivait ceci à son frère, Charles-Henri, le 12 octobre 1830 : « J'ai entrepris un sujet moderne, une barricade […] et si je n'ai pas vaincu pour la patrie, au moins peindrai-je pour elle. Cela m'a remis de belle humeur. » Il ne s'est pas battu pendant les Trois Glorieuses mais il a fait beaucoup mieux que cela. Une allégorie de notre histoire. Ce qui surplombe en effet sa liberté, c'est l'utopie et c'est l'avenir. Je pense à Victor Hugo, aux *Misérables*, à Enjolras et à ses compagnons embusqués derrière leur barricade de la rue de la Chanvrerie, tous ces « glorieux combattants de l'avenir », tous ces « confesseurs de l'utopie » des journées sanglantes de juin 1832. Aujourd'hui, nous ne construisons plus de barricades. Les cortèges les ont remplacées. Parfois avec leur lot de violences. La réaction de nos gouvernants aussi a changé. On réprime moins, on efface. J'avais été frappé de voir, à la fin des années 1990, à l'arrière d'un défilé, une escouade bien alignée de voiturettes vertes des services de propreté de la ville de Paris destinées à nettoyer jusqu'au dernier tract et à rendre au boulevard la netteté insignifiante et bien ordonnée qu'il n'aurait jamais dû perdre. Et cela recommence toujours, comme le ressac et les marées. Ce « pays-ci », comme on le disait de la cour sous l'Ancien Régime, demeurera longtemps le pays des songes. Exaltés, contradictoires, meurtris. Et, parfois, ce sont les songes qui l'emportent.

Les extrêmes se touchent

Je note à propos des événements qui se sont passés récemment, communément appelés la révolte des gilets jaunes, et dans les discours tenus par certains partis politiques qui ont cherché à s'en emparer, un trait dominant de notre histoire politique française. Le renversement de souveraineté de juin 1789, l'effondrement simultané de la vieille société monarchique au nom d'une nation une et indivisible, loin de créer de l'unité a séparé durablement et pour longtemps deux France antagonistes, l'une favorable aux principes comme aux intérêts nouveaux créés par la Révolution, l'autre qui, pour en avoir été la victime, s'y est farouchement opposée. Ces deux mondes rapidement qualifiés dans le vocabulaire de l'époque d'« ancienne » et de « nouvelle France » ont eu leurs chevau-légers comme leurs hérauts d'armes qui inlassablement ont cherché à empêcher toute forme de réconciliation entre elles. Ces deux France ne correspondent pas forcément à telle ou telle catégorie sociale (riches et pauvres, nobles et bourgeois, bourgeois et paysans) mais traversent la société de part en part. Ce qui les sépare, ce sont des différences de perception par rapport aux héritages du passé, un univers mental, des intérêts antagonistes. Ces deux France-là, on les connaît. En deux siècles, elles ont pris tour à tour les noms d'aristocrates et de jacobins, d'ultraroyalistes et de républicains, de conservateurs et de progressistes. Les blancs et les bleus. La droite et la gauche avec toutes les variantes possibles qui ont fait le bonheur de René Rémond. « Ça veut dire quoi "conservateur" ? » demandait la petite Pauline de Broglie au régisseur de sa famille, dans les années 1890. Et celui-ci de répondre : « C'est quand on est blanc contre les bleus. »

Avec la consolidation de la République dans les premiers temps de la troisième du nom, ces deux France auraient logiquement dû se réconcilier et pourtant, à la lumière des événements récents, je constate que nous en sommes encore loin. Dans l'un de ses livres (*Nazisme et Révolution*), l'historien Fabrice Bouthillon a montré, tout en conduisant une étude comparée entre les cas français et allemand, que, des deux côtés du Rhin, nos deux pays également à la recherche de leur unité et de leur légitimité politique ont constamment oscillé entre deux pôles : l'alliance des centres et celle des extrêmes, autrement dit dans le cas allemand, la république de Weimar d'un côté et le national-socialisme de l'autre. La démonstration est un peu systématique mais elle n'est pas dénuée d'intérêt.

Après des années d'expériences politiques modérées et sociales-libérales – *grosso modo* depuis la Seconde Guerre mondiale –, nous sommes aujourd'hui en France, comme dans une bonne partie de l'Europe, au moment où les extrêmes sont sur le point de se toucher. L'expression n'est pas nouvelle, elle tenait déjà lieu de légende à une caricature de 1815 qui représentait deux personnages en train de se battre, d'un côté un ultraroyaliste à bicorne et cocarde blanche, de l'autre un républicain à bonnet phrygien. Le caricaturiste Charb assassiné en 2015 avait dû s'en souvenir lorsqu'il avait dessiné deux cents ans plus tard, dans un esprit différent et profondément anticonfessionnel, un imam et un prêtre intégriste en train de jouer à touche-pipi. Dans les deux cas la légende est la même : « Les extrêmes se touchent. » L'expression, qui peut en amuser certains ou en scandaliser d'autres, recouvre pourtant une réalité politique française de plus en plus inquiétante et c'est là que nous retrouvons nos gilets jaunes comme ceux qui aux deux bouts de notre échiquier politique s'en réclament ou les soutiennent. L'abandon silencieux – du côté gauche, du côté de la France insoumise – de ses traditions internationalistes n'arrange rien à l'affaire et rapproche d'autant ses partisans de ceux de l'autre bord, ceux du Rassemblement national de Marine Le Pen. C'était un verrou de taille.

Il est en train de sauter. Pour le reste, presque tout les rapproche : une vision populiste de la souveraineté, la contestation de la démocratie parlementaire pour un exercice direct de cette dernière, la condamnation des puissances mondialisées de l'argent et le combat pour une justice sociale et fiscale à laquelle on ne donne pas de terme. Si l'on en croit leurs discours, l'un et l'autre bord représentent également la même France, celle qui « subit », la France des déclassés qui vit la fin de l'État-nation comme un immense désordre.

Les anonymes n'ont pas de couleur politique. Tous habitent l'envers triste d'un décor abîmé, où l'enthousiasme et les croyances en un monde meilleur n'ont plus cours, à la différence de 1789. L'urgence, la peur du déclassement, la puissance de l'argent qui échappe aux nations ont tout emporté. Il ne reste qu'un jeu tragique de pantomimes mortes, l'honneur perdu du travail lorsque, pour beaucoup, celui-ci n'a plus de sens, l'envie désespérée, presque instinctive, de vouloir exister encore, d'être reconnu dans un univers atomisé, défait, où les individus ne sont que les rouages d'une machine aveugle, précise et sophistiquée, à l'image de celle de Kafka, dans sa *Colonie pénitentiaire*. Il n'y a plus de visages, ni de juges, ni de justice, mais un simple gibet qui exécute la peine tout en l'inscrivant sur le corps du condamné. Nos démocraties administratives, informatisées et surveillantes ressemblent de plus en plus à cet ogre obscène qu'évoquait déjà

Julien Gracq dans les années 1980, ivre au milieu d'un troupeau d'hommes nus. « L'œil du veau dans la nuit. » Je note au passage qu'aujourd'hui les ministres eux-mêmes et jusqu'au puissant locataire de Bercy se plaignent des envahissements technocratiques de leurs propres administrations, comme s'ils ne cherchaient même plus à cacher leur impuissance. C'est tout cela qui a conduit à la révolte de décembre 2018, jusqu'à rendre illisible les vieilles lectures politiques d'autrefois. Je ne vois nulle envie de conquête là-dedans, mais un simple instinct de survie.

L'immigration reste encore la seule question qui sépare les deux bords mais on en vient à se demander si cette frontière-là ne tombera pas également un jour. En tous cas les deux côtés ont un ennemi commun : le centre modéré, progressiste, social libéral et européen. Décidément, « les extrêmes se touchent ». « La société se ressemble parfaitement par les deux bouts. » Ce n'est pas moi qui écris cela, c'est Louis-Sébastien Mercier dans son *Tableau de Paris*, et c'était en 1783. À cette époque déjà, la noblesse d'un côté, la bourgeoisie de l'autre, tout à leur haine de ce qu'on appelait alors le « despotisme ministériel », avaient été jusqu'à oublier leurs différences en une improbable alliance qui avait conduit tout droit à la révolution.

Délit de fuite

L'évasion rocambolesque de l'ancien président de l'alliance Renault-Nissan, le Franco-Brésilo-Libanais Carlos Ghosn, en plein nouvel an japonais, nous a tous pris de court. Si l'événement est si riche de fantasmes, ce n'est pas seulement parce qu'on ne s'y attendait pas, c'est aussi parce qu'il a été très diversement interprété et qu'il en dit long sur les rapports mondialisés du capitalisme aux États et à la politique. Pour les uns, Ghosn a pu quitter le Japon où il était emprisonné puis assigné à résidence depuis quatorze mois dans l'attente d'un très hypothétique procès parce qu'il appartient à ce tout petit monde des grands patrons internationaux qui agissent au-dessus des lois et des États et en ont les moyens. Pour d'autres, sa chute vertigineuse depuis son arrestation le 19 novembre 2018 sur le tarmac de l'aéroport Haneda est un signe. Sa déchéance, que son évasion n'effacera pas, marque une étape de la lutte contre la corruption depuis l'appel de Genève du 1er octobre

1996 lorsque sept juges européens plaidèrent pour une plus grande coopération judiciaire entre les nations et dénoncèrent les premiers ce qu'ils avaient appelés les « boîtes noires » de la mondialisation financière. D'autres enfin ont vu dans toute l'affaire la marque d'une montée en puissance des nationalismes et de ce qu'on nomme de plus en plus le « patriotisme économique » : en bref, cette difficile guerre que mènent les États contre les grands groupes internationaux et autres monopoles. Il y a un peu de tout cela dans l'arrestation et la fuite de Carlos Ghosn. Et il y a beaucoup plus. Le Ghosn d'avant son évasion n'est plus tout à fait le même que celui d'après, fût-il désormais un exilé et un apatride. Les faux passeports, les déguisements, les mystérieuses caisses d'exfiltration munies d'aussi énigmatiques trous d'aération le font entrer dans un autre monde, à la frontière de la littérature et de l'histoire, là où bien souvent ce que certains historiens ont appelé le « réel d'imaginaire » l'emporte sur tout le reste. Il y aura désormais le Ghosn de la vie et celui de la légende. On y verra toutes sortes de choses auxquelles on n'avait jamais pensé : son père condamné à mort à Beyrouth en 1960, le poids de la fatalité, la tragédie de la vie et le panache de tous ceux qui, dans les pages des livres et les aléas de l'Histoire, ont su forcer leur destin. Ils ne manquent pas. Marie Stuart à Loch Leven et Napoléon à Elbe, l'échelle de corde de Latude et les tours de la Bastille, les tunnels du stalag Luft III de 1944 et la septième vague de l'île du Diable, celle qui, dans les années 1940, donne la liberté au forçat Henri Charrière *alias* Papillon. Quand tous ceux-là n'ont pas eux-mêmes réinventé leur histoire, d'autres l'ont écrite pour eux. Le récit d'évasion est un genre à part, tumultueux et foisonnant, qui stimule l'imaginaire et s'embarrasse rarement des contingences de la vérité.

On comprend pourquoi Netflix s'intéresse tant à l'histoire de Ghosn. Qui n'a pas vibré au récit de l'exfiltration des six diplomates américains transformés en équipe de tournage canadienne en pleine crise des otages de l'ambassade américaine de Téhéran en 1980 ? *Argo*, le film de Ben Affleck qui sublime toute l'histoire, a fait un tabac en 2012. *Argo fuck yourself*, comme disait le faux producteur de cinéma hollywoodien joué par Alan Arkin, au début du film. Et dans *La Grande Évasion*, je suis bien certain que Steve McQueen est beaucoup plus séduisant que le vrai pilote américain prisonnier des Allemands, le capitaine David M. Jones, dont il joue le rôle. Toute mon enfance a été baignée de ces récits de flibuste et d'évasions. Mes héros de papier sortent tout droit des romans de Walter Scott et d'Alexandre Dumas, quelque part entre un Moyen Âge de fantaisie et la froide raison d'État des gouvernements modernes. Il ne faut pas grand-chose pour réussir un bon roman d'évasion : une île-prison, des secrets, des gardiens féroces, de l'injustice, l'obsession de la liberté et le goût de la vengeance. Si *Le Comte de Monte-Cristo* est si réussi, c'est parce que Alexandre Dumas a su inventer Edmond Dantès quelque part entre le sommeil éternel de la prison et le rêve éveillé de la liberté, entre l'ombre et la lumière, le complot et sa résolution. Avant de renaître à la vie, Dantès se fait symboliquement passer pour mort dans le sac de jute que ses geôliers jettent à la mer du haut des remparts du château d'If. Et que dit l'ancien patron de Renault-Nissan ? « Je suis mort le 19 novembre 2018. » On se demande alors qui est son abbé Faria et quelle sera sa vengeance. Si le feu nous fascine tant, c'est qu'il dégage de la fumée et qu'on n'y voit rien.

L'évasion n'est pas seulement une façon de sortir du piège, elle est elle-même le piège.

Les « mots de la tribu »

J'ai beau vivre dans une grotte et n'être pas de mon temps, tel le baron de Frénilly qui en pleine Révolution « faisait furieusement des vers » sans s'apercevoir que les Parisiens étaient sur le point de prendre les Tuileries, je n'en suis pas moins curieux, sinon amusé des manies de mes contemporains. Ma fille, qui connaît sa Toile sur le bout des doigts et vit avec son smartphone le jour comme la nuit, m'est, de ce point de vue, une source inépuisable de renseignements. Je me suis promené récemment avec elle dans le labyrinthe des plates-formes de discussion des blogueurs de toutes les nuances et de toutes les espérances et j'y ai vu, outre la violence récurrente des propos, comme une sorte de décalque sommaire de notre société. Tout se passe comme si plus nous courrions à en perdre haleine vers l'égalité, plus nous étions habités par une sorte de terreur de l'indifférenciation. Tocqueville n'est pas loin qui s'inquiétait déjà il y a plus d'un siècle et demi de la tyrannie des majorités conformistes et nous prédisait en oiseau de mauvais augure une indigestion de « règles compliquées, minutieuses et uniformes ». Nous n'avons plus de visages et nous risquons l'asphyxie. Les Gafa(m) ont très bien compris cela et surfent sur notre instinct de survie comme sur notre envie désespérée de nous singulariser, d'échapper à ce que Victor Hugo appelait très justement « une diminution de respiration et de clarté ». À première vue, les innombrables outils informatiques mis à notre disposition - Facebook, Instagram, Snapchat, TikTok - nous donnent ce sentiment-là. Ils nous procurent comme jamais les moyens de cultiver nos passions, nos goûts, nos intérêts et, mieux encore, d'entrer en relation avec d'autres qui, aux quatre coins du monde, les partagent. Je ne nie pas la part d'enrichissement personnel, de connaissances et de rencontres que comportent ces nouveaux moyens de communication, mais j'y relève tout de même des dérives qui pour être presque anodines n'en sont pas moins inquiétantes, d'autant qu'il y a souvent loin des belles intentions humanistes affichées par ces sites à leurs fins véritables. Nous sommes moins pour eux des êtres d'intelligence et de connaissance que des électeurs ou des consommateurs manipulables à volonté. Le récent scandale de la société Cambridge Analytica, soupçonnée d'avoir massivement acheté des données Facebook à des fins politiques dans le cadre de l'élection présidentielle américaine de 2016, en est un exemple parmi d'autres. Tous ces gens-là ont très bien compris qu'au bout de notre propension à l'individualisme, qui est au cœur de nos systèmes démocratiques, il existe autant d'ego, de désirs narcissiques de se contempler ou de se rassurer en miroir dans le regard de ceux qui nous ressemblent. Une sorte de tentation tribale, en somme. Nous n'y faisons pas assez attention, mais les algorithmes nous enferment d'autant dans nos fantasmes et nos obsessions. À force de nous complaire en groupe dans les mêmes idées, les mêmes certitudes, nous finirons par perdre le sens de l'altérité et le goût de la contradiction. Les autres, c'est nous-même, dans une spirale sans fin d'autisme et d'enfermement.

Je ne suis pas étonné à ce propos que nombre de Français aient refusé obstinément le « grand débat » qui leur avait été proposé par le président Macron. Le monde se réduit à ce qu'ils pensent. Il est donc logiquement inutile d'écouter ailleurs et de regarder par la fenêtre. Je note enfin que ces regroupements par communauté de pensées, de confessions ou d'origines sont une formidable occasion à l'épanouissement de ce qu'on appelle aujourd'hui les *fake news*. Certes, les rumeurs n'ont pas attendu les réseaux pour exister. On croyait déjà, au début de la Révolution, à un prétendu « complot des aristocrates ». Des listes de proscriptions circulaient, pensait-on, contre les patriotes. Elles circuleront à nouveau dans les imaginaires après la révolution de 1848. La différence, c'est que la raréfaction de la diversité au sein des réseaux fait aujourd'hui de ces rumeurs autant de certitudes quasi immanentes. Tout ne finit pas forcément par des chansons, mais je conseille à ceux qui croient que les virus naissent dans des officines, ou qui ont cru, ne serait-ce qu'un instant, que nous allions brader l'Alsace et la Lorraine aux Allemands, de lire la lettre d'Alphonse Allais à Paul Déroulède, le champion toutes catégories du nationalisme va-t-en-guerre d'après la débâcle de 1870. Allais se foutait de l'esprit militaire et revanchard qui régnait alors en France. Notre armée coûte trop cher, argumente-t-il. Pourquoi alors ne pas remplacer les canons par des bactéries ? « On licencierait l'armée [...]. On installerait discrètement de petits laboratoires où l'on cultiverait les microbes les plus virulents [...]. Le jour où l'Allemagne nous embêtera, au lieu de lui déclarer la guerre, on lui déclarera le choléra, ou la variole, ou toutes ces maladies à la fois. [...] Avec mon système, ils y passeront tous. Quel rêve ! »

La guerre bactériologique n'a jamais existé, mais peu importe. Le rire est toujours salutaire. Il est notre politesse du désespoir. Ceux qui le pratiquent savent dire le pire pour mieux conjurer nos peurs. Nous en aurions bien besoin en ce moment. Ionesco le remarquait déjà après la guerre : « Où il n'y a pas d'humour, il y a des camps de concentration. »

Voir et rêver le monde

Vous me direz qu'un chroniqueur est censé commenter l'actualité et éventuellement lui donner un sens. C'est peut-être trop lui demander. Ponce Pilate n'est jamais loin lorsqu'il commence à écrire. J'éprouve un peu cela. Certes, je n'ai pas de soldats sous mes ordres, mais aujourd'hui, comme lui, j'ai bien envie de m'en laver les mains. Si le monde est un village, alors ses rues et ses chemins sont encombrés de cadavres et ses maisons brûlent comme dans ces tableaux d'Alphonse de Neuville où se succèdent en un diorama halluciné les épisodes les plus sanglants de la guerre de 1870 : *Les Dernières Cartouches*, *Le Cimetière de Saint-Privat*, *Le Bourget*. De la neige et des morts. Nous n'en sommes pas là, mais, comme je l'entends souvent dire dans la Mayenne, ça ne s'arrange pas. Je sais bien que nous avons fait la Révolution au nom de la Nation et de la Loi, mais je me demande si nous n'avons pas tendance ces temps-ci à en faire un peu trop. Nous avions déjà la loi contre « la manipulation de l'information » dite des « *fake news* ou infox », par laquelle le législateur s'est arrogé, en démiurge aveugle et magnifique, le droit de dire la vérité et le mensonge, nous avons eu ensuite (en avril 2019) la loi dite « anticasseurs » qui, bien qu'amendée par le Conseil constitutionnel, encadre encore un peu plus – administrativement et pénalement – le droit de manifester. Et enfin la loi « sécurité globale ». C'est Fouché qui aurait été content ! Les circonstances et la peur sont parfois mauvaises conseillères. Elles finissent toujours par avoir raison de nos libertés. Pendant ce temps-là ? Nos soldats de la force Barkhane s'enlisent dans les sables du Mali et la Cour internationale de La Haye libère Laurent Gbagbo qui, en Côte d'Ivoire, avait voulu rester président plus longtemps que de raison sans trop compter le nombre des morts. Je ne sais pourquoi, mais, par association d'idées et comme savait si bien le faire Dupin, le héros d'Edgar Allan Poe dans son *Double Assassinat dans la rue Morgue*, l'affaire Gbagbo m'a fait penser à nos vieux atlas de l'entre-deux-guerres, quand, à l'époque coloniale, en Afrique et ailleurs, le bleu de l'empire français le disputait au rose des Britanniques.

Il n'y a pas de peur ni de morts dans les atlas, seulement du silence et des signes. J'ai toujours été fasciné par les cartes. Elles racontent une histoire et disent des choses oubliées. Ce sont des objets magiques qui permettent en quelques centimètres carrés de voir le monde et de le posséder. La carte dite d'Anaximandre (VIe siècle av. J.-C.) était inscrite dans un cercle divisé en trois parties : l'Europe, l'Asie et la Libye, lesquelles étaient entièrement entourées d'eau. Au Moyen Âge, celles de l'Europe chrétienne mettaient Jérusalem et le tombeau du Christ au centre du monde habité. Le *Theatrum Orbis Terrarum* n'était pas le fait de l'homme mais du Dieu créateur de la Genèse. Ensuite, les choses se sont un peu compliquées. La Terre est devenue ronde et les frontières n'ont plus cessé de changer. Il n'y a pas de carte idéale, il n'y a que celles qu'on aime. Lewis Carroll en avait imaginé une des Océans, toute blanche et parfaitement vierge, qui, dans *La Chasse au Snark*, ravissait les marins du capitaine Cloche, parce qu'elle était dépourvue de toute convention propre à les décourager. Borges aussi a inventé sa carte, celle qui, à l'échelle exacte de l'Empire, était devenue si monstrueuse et si incommode qu'elle finira par pourrir en lambeaux au soleil du désert. Mes cartes préférées sont celles qui me font rêver. J'ai la chance d'en posséder quelques-unes dans ma bibliothèque et, à chaque fois que je les ouvre, je pars en voyage. Par exemple, le merveilleux *Indicateur fidèle ou Guide des voyageurs* publié à Paris, en 1765, rue Saint-Jacques à l'enseigne du Globe (ça ne s'invente pas !).

On y trouve, dit la notice, absolument tout, « villes, bourgs, hameaux, fermes, châteaux, abbayes, moulins, hostelleries, rivières, ruisseaux et étangs, ponts, gués, montagnes, bois, jardins et parcs ». Je comprends pourquoi l'agronome anglais Arthur Young trouvait les routes françaises si belles à la veille de la Révolution. Celle aussi des *Descentes qui ont été faites dans les îles Britanniques depuis Guillaume le Conquérant jusqu'à l'an VI de la République française*. Quand on regarde cette carte-là, on se dit que les Anglais ont eu raison de prendre le large. Peut-être est-ce à force de consulter les cartes du voyage de M. de Lapérouse que Louis XVI a perdu son royaume ? Les cartes n'invitent pas à la réalité. Les plus extraordinaires n'existent que dans les romans. Combien de fois me suis-je imaginé à la place d'Aldo, le personnage principal de Julien Gracq, dans *Le Rivage des Syrtes*, debout dans la chambre forte du château d'Orsenna, englué dans une sorte d'immobilité hypnotique à la contemplation de ce qui lui était interdit, de ce qu'il ne verrait jamais, « les espaces inconnus du Farghestan ». « Un bruissement léger semblait s'élever de cette carte, peupler la chambre close de son silence d'embuscade. » Aujourd'hui nous n'entendons plus rien tant il y a de bruit. Nous croyons tout connaître du monde et nous ne le voyons plus. Je ne sais pas si cela peut nous consoler, mais il nous reste toujours Baudelaire et son *Voyage* :

VOIR ET RÊVER LE MONDE

Pour l'enfant, amoureux de cartes et d'estampes,
L'univers est égal à son vaste appétit.
Ah ! que le monde est grand à la clarté des lampes !
Aux yeux du souvenir que le monde est petit !

La forêt, la gauche, la droite

Qu'est-ce qui distingue encore en France la droite de la gauche ? On peut toujours s'en remettre aux sujets de conversation des dîners en ville. Le romancier Marc Lambron s'amusait déjà à le faire dans les années 1990. Les droits de succession, la défense de Gautier-Sauvagnac, la suppression des régimes spéciaux, plutôt à droite ; la réforme des institutions, la proportionnelle, la revalorisation du Smic, le développement durable, plutôt à gauche. L'écologie justement, le retour en force des centrales thermiques et la libération du prix de l'électricité, la guerre au nucléaire et le combat pour les énergies renouvelables, la chasse au CO_2, le grand poumon des forêts, tout ce qui est vert se porte plutôt à gauche. Il ne viendrait pas à l'idée d'un paysan, qui est forcément de droite, de s'extasier sur la beauté d'une futaie. Les arbres gênent forcément son matériel. Un beau champ, c'est un champ carré de plus de vingt hectares, sans haies. Même si les choses changent doucement, on en est encore resté largement, dans les campagnes françaises, à la culture des grandes politiques de remembrement des années 1960. Il a fallu attendre un demi-siècle (en 2010) pour qu'Edgard Pisani, le ministre de l'Agriculture de l'époque, s'avoue « un peu coupable » d'avoir contribué à un tel bouleversement des paysages. Il est un peu tard !

Qu'en est-il des forêts ? Il y a plusieurs façons de les aimer. En rêveur, en promeneur du dimanche tout juste sorti du bruit et de la fumée des grandes villes qui sont maintenant le quotidien d'une immense majorité d'entre nous. En propriétaire et gestionnaire avisé des quelques arbres que nous avons eu un jour la chance d'acquérir ou d'hériter. Ou en spéculateur peu scrupuleux ? Notre président de la République s'est emparé à plusieurs reprises de la question, en particulier encore devant les élèves d'un lycée agricole des environs d'Autun à l'occasion de son labyrinthique et tentaculaire « grand débat » dont il est manifestement devenu le gentil et principal animateur. Le constat est à la fois triomphal et pessimiste : « La France est une puissance forestière », elle possède l'une des plus grandes forêts d'Europe, mais elle est mauvaise gestionnaire au point de devoir importer le bois qu'elle consomme. Et en effet qui n'a pas constaté un jour que les planches de chêne ou de pin dont il a l'usage chez lui viennent le plus souvent de Hongrie ou de Suède, quand ce n'est pas d'au-delà des mers ? Bref, notre président propose non seulement de reboiser massivement mais d'optimiser les méthodes de production forestière et d'y investir davantage. Tout cela n'est pas nouveau. Depuis vingt ans, nous avons eu droit à deux lois d'orientation sur la forêt (en 1985 et en 2001). Le titre du rapport de Jean-Louis Bianco qui a inspiré la seconde est sans équivoque : « La forêt, une chance pour la France ». On défiscalise la forêt à tour de bras (droits fonciers, succession, réduction d'impôt sur investissement), on la subventionne aussi. Même Bruxelles s'en mêle avec Natura 2000. Et les résultats suivent. On ne dit pas assez que les forêts françaises ont doublé de surface depuis cent cinquante ans. La forêt progresse de 70 000 hectares par an et couvre aujourd'hui près de 29 % du territoire de notre pays (16 millions d'hectares). Mais elle reste aux trois quarts privée et surtout elle est morcelée. L'outil de production n'a quant à lui cessé de diminuer depuis cinquante ans. La France comptait 15 000 scieries en 1960, 1 500 aujourd'hui. Il nous faut donc mieux produire. C'est là que le bât blesse.

Dis-moi quels sont les paysages que tu aimes et je te dirai qui tu es vraiment. À la lumière de deux siècles de débats politiques sur la forêt, l'historien est en droit de se poser la question – en forme de boutade plus sérieuse qu'on ne le croit – de sa vraie nature politique. Les paysages aussi ont leur psychologie et leurs représentations culturelles. Je doute que les discours volontaristes et unilatéralement productivistes de notre président de la République aient suscité l'enthousiasme du côté des écologistes. Qu'on relise le *Manifeste de Tronçais* publié en octobre 2018, « au pied des chênes pluricentenaires » de Colbert, par un collectif d'associations : Agir, Greenpeace, Les Amis de la terre, SOS Forêt France, etc. On y stigmatise la « finance verte », on se réclame de tous ceux qui ne veulent pas que la forêt devienne une « usine à bois », on y prône des principes de gestion durables et respectueux de la nature. À lire cela et beaucoup d'autres choses encore, on se demande si, par hasard, la forêt ne serait pas aujourd'hui un peu de gauche. Elle a tout pour l'être. Elle est, lit-on encore dans le *Manifeste de Tronçais*, notre « bien commun », une respiration dans la course au progrès et à l'argent, notre dernière protection contre le réchauffement climatique et les émissions de CO_2. Bref, on veut bien planter des arbres, mais on répugne à les couper.

C'est là que les choses deviennent amusantes car non seulement l'historien apprend très vite que tout est politique, y compris l'air, le temps qu'il fait, le silence ou la nuit, mais il sait aussi que la figure de l'Histoire ressemble singulièrement à celle de Janus, le dieu à deux têtes de la mythologie. Tout change toujours, jusqu'aux choses les plus insignifiantes. Ce qui était autrefois de droite est aujourd'hui de gauche et réciproquement. De ce point de vue, la forêt est beaucoup plus qu'un outil économique, elle est un objet de fantasmes qui n'a cessé de varier dans le temps. Quand, depuis plusieurs décennies maintenant, la gauche écologiste sanctuarise la forêt, c'était hier la droite la plus réactionnaire qui la sanctifiait. On ne rigolait pas, sous la Révolution, avec les bois et les étangs. À l'époque, la forêt appartenait en majorité à la noblesse et au clergé. Elle était donc forcément contre-révolutionnaire. Elle sentait l'obscurantisme, les droits féodaux, le moine, l'abbaye et le fagot. Souvenons-nous de l'apostrophe fracassante de Danton, à la tribune de la Convention, le 1er décembre 1793 : « Nous sommes tous de la conjuration contre les carpes et nous aimons mieux le règne des moutons. » Il fallait assécher d'un coup tous les étangs de l'ancien royaume de France, défricher à toute force pour donner du pain et de la viande aux soldats de la République. Évidemment, le projet fit long feu, mais il en restera plus tard quelque chose dans les consciences de droite. Les confiscations, les ventes nationales, par centaines de milliers d'hectares, finiront par créer des réflexes de résistance et avec eux un peu de l'imaginaire romantique dans lequel nous vivons encore aujourd'hui.

On ne le sait pas assez, mais les premiers grands discours écologistes de défense de la forêt ont été prononcés à droite, peu après l'Empire, contre la vente par l'État, au nom du sacro-saint équilibre budgétaire, des derniers vestiges nationalisés des anciennes forêts nobiliaires et cléricales. Le chêne rompt sans doute plus qu'il ne plie comme le roseau, mais, avec les avocats de la cause royaliste, il devient franchement conservateur. Les forêts, ce sont les racines vivantes de l'ancienne Gaule, le berceau des druides et des légendes, l'élément stable et fédérateur d'un pays voué aux démons de l'individualisme révolutionnaire et destructeur. Il y eut nombre de discours de ce genre en 1814, en 1817, en 1825. Le plus spectaculaire est celui de Chateaubriand, à la tribune de la Chambre des pairs, en mars 1817 : « La Gaule conservait avec ses forêts la source de ses fleuves et les traditions de ses peuples. On ne voyait point périr la race des arbres qui fournissaient à nos pères des charpentes, durables comme leurs familles. C'est ignorer notre histoire que de présenter la France gothique comme un pays sauvage parce qu'on y propageait les lois. Partout où les arbres ont disparu, l'homme a été puni de son imprévoyance. » Le chêne était déjà orgueilleux chez La Fontaine. Avec l'auteur des *Mémoires d'outre-tombe*, il devient franchement inégalitaire : « Les amis de l'égalité [...], dont la haine s'obstine à poursuivre dans les futaies la mémoire des anciens possesseurs de ces futaies [...], désolés de n'avoir pu niveler les hommes, en veulent encore à la noblesse des chênes. »

Il n'était pas question de « poumon vert » alors. Avec Chateaubriand, le chêne était quasi généalogique. Il avait peu à voir avec l'arbre de la liberté des révolutionnaires – en général un modeste peuplier ! À travers lui, on défendait la transmission, tout comme les fidélités inébranlables. La tradition s'en perpétuera à droite jusqu'au début du XXe siècle tout comme la défense des régionalismes qui elle aussi est passée à gauche après la Seconde Guerre mondiale. Une fervente légitimiste comme la sculptrice Félicie de Fauveau, qui avait défendu en 1832 la cause du dernier des Bourbons, « l'enfant du miracle », dans le bocage vendéen, s'inquiétait dix ans plus tard de la destruction des bois et des haies par le régime de Juillet. « Louis-Philippe, écrit-elle en se souvenant de ses chevauchées vendéennes le pistolet à la ceinture, n'avait pas encore eu le temps de pacifier la Vendée en la détruisant par de grandes routes droites et ouvertes, les brandes naturelles du bocage, ses ravins, ses chemins creux, ses haies touffues, ses labyrinthes de halliers protecteurs et témoins de ses vaillances n'avaient point été rasés par l'ingénieur et la laide uniformité du progrès. La gracieuse négligence de l'alignement de la végétation dans ses charmants caprices vivait encore. »

Il y a deux cents ans, les modernistes, ceux qui voulaient tout raser, étaient à gauche. Aujourd'hui, on les accuse d'être à droite. *Sic transit gloria mundi.* Les politiques de la forêt n'y peuvent rien. Leur seule faiblesse est de ne jamais rien changer des imaginaires. Ce qui reste est toujours ce qui nous échappe, la forêt des songes, des présages et des sortilèges, celle du temps aboli, « la cité des arbres », « le grand large des bois », comme dirait Gracq. La seule chose qui compte vraiment.

Un voyage en Provence

Comment voyager avec un saumon ? se demandait Umberto Eco. Le célèbre philologue italien en avait fait l'expérience et cela s'était mal terminé. Peut-être les voyages nous font-ils découvrir « le mensonge et l'âge », mais on aurait tort d'y renoncer. Je donnerais bien la moitié de ma vie pour voyager comme autrefois. L'excitation des départs, le plaisir de l'arrachement, les chemins de traverse, les hasards et la surprise ne font plus partie de nos vies.

Je me souviens de mes descentes dans le Midi lorsque j'étais enfant. C'était à une époque quasi diluvienne où les autoroutes existaient à peine, où Trenet pouvait encore chanter la Nationale 7. On voyageait par étapes, on se munissait de cartes. On y « descendait » en effet, les paysages y faisaient leur mue à mesure : le Morvan, la Bourgogne, les monts du Forez, la Drôme provençale. Je garde encore comme si c'était hier le sentiment enchanté d'échappée belle que me donnait chacun des lieux où nous nous arrêtions : l'abbatiale de Tournus, la Bâtie d'Urfé et ses grottes de romans picaresques, le château de Carrouges qui porte si bien son nom, La Garde-Adhémar et le val des Nymphes. J'entrais progressivement dans la chaleur, les lumières blanches, les angles vifs, les ombres clandestines. La lenteur des voyages, les hasards, l'étrangeté ont toujours été pour moi synonymes de sensualité et d'heures abandonnées. Mais rien n'était comparable à la dernière étape, celle de la traversée des Maures qui nous conduisait sur de minuscules routes en lacets par Collobrières et Cogolin jusqu'à la mer, cette impression de basculer dans un autre monde, le chant sourd des cigales, le craquement des pins, les odeurs d'encaustique et de lavande qui vous prennent à la gorge. Nous étions en Provence, cette gueuse parfumée. À chacun son voyage sentimental. « La Provence, dit André Suarès qui y est né, a toujours cherché et a toujours trouvé la méthode du bonheur. » Elle a trop d'histoires et trop d'écrivains pour qu'on puisse se contenter des récits du publiciste anglais Peter Mayle et de son mas du Luberon dans *Une année en Provence*. L'été est propice aux lectures de voyage. Il faut lire ou relire la belle anthologie publiée par les éditions Robert Laffont et consacrée au *Voyage en Provence*. C'est une merveille, surtout si les circonstances vous obligent à rester dans le Nord et que la nostalgie du Midi vous saisit. Elle a été établie par l'un de mes plus vieux amis, Frédéric d'Agay, Provençal lui-même, fin connaisseur de cette contrée si vaste et variée qui vaut évidemment infiniment mieux que d'être une étape vers l'Italie. C'est que la Provence et les Provençaux n'ont pas toujours eu bonne presse. Je pense ce faisant au mot drolatique du prince de Montbarrey tout droit tombé du XVIIIe siècle : « Peut-être à tort, mais j'ai été élevé, très réellement, dans la crainte de Dieu et la méfiance des Provençaux. » Celui-là ne les connaissait peut-être pas assez bien. On ne se méfie jamais de ceux qu'on aime. Il n'y a aucune raison à cela. Pour un Montbarrey, tant d'autres ont succombé ! Moi le premier. D'Agay n'est pas seulement de ces « Provençaux [qui] portent leur pétulante vivacité partout », comme disait en riant le bailli de Mirabeau. La Provence est sa chose, son bonheur et sa raison d'être. Il en connaît l'histoire et la géographie sur le bout des ongles. Il l'éprouve, il a ses lieux de dilection dont il parle si bien dans sa préface : les platanes du cours à Riez, un canal à Martigues, les terrasses rouges de l'Esterel au-dessus de la mer, Lérins et ses îles. Il a aussi ses auteurs et ses souvenirs. Vous trouverez dans son anthologie des textes enchantés. Certains sont connus, d'autres rares ou carrément inédits. La Sorgue, le mont Ventoux et l'âme de Pétrarque, les pèlerinages de la Sainte-Baume au XVe siècle, Hans von Waltheym et les reliques de Marie-Madeleine, le ghetto juif d'Avignon, les papes et les prodiges du Rhône. L'Arlésien Pierre de Quiqueran y raconte les taureaux, les ferrades et les gardians, et c'est en 1550. Et le carnaval à Tarascon et les galères de Marseille. Vous y retrouverez des écrivains que vous aimez, Chateaubriand, Stendhal et Mérimée. Chacun rêve à sa façon et voit ce qui l'habite. L'agronome anglais Arthur Young s'intéresse aux routes et aux cultures, un autre aux ruines et aux médailles, un troisième à la beauté des Arlésiennes. Vous irez chasser en Camargue avec Alphonse Daudet, vous voyagerez avec Mistral de Maillane à Avignon, vous verrez Barbentane et la Durance comme Henri Bosco la voyait en 1900. Et les châteaux de Pagnol, et le Vaccarès de D'Arbaud et la montagne de Lure de Giono. Ils sont si nombreux à avoir parcouru la Provence, des antiquaires et des statisticiens, des ethnologues, des diplomates et des peintres. Cézanne, Maurice Denis, Dunoyer. Je ne connais rien de plus poignant que les lettres de Van Gogh à son frère Théo sur le « grand soleil blanc », la solitude et les « terres brûlées » de Saint-Rémy.

Xavier de Maistre aimait voyager autour de sa chambre. Ici, le terrain est plus vaste mais l'impression est la même. Les plus beaux voyages sont les voyages imaginaires.

Le juge, le censeur et les indics

Cela n'aura échappé à personne, la transparence et ses vertus démocratiques sont à l'ordre du jour. Les encouragements répétés des autorités publiques comme des médias au témoignage et à la délation, les lanceurs d'alerte rémunérés, des avocats écoutés à leur insu ou contraints par certains textes de loi à dénoncer leurs clients, la violation régulière du secret de l'instruction, bref toute cette belle et moderne « société des indics » relance, par son existence même, un vieux débat français dont la Révolution nous a fait les héritiers : celui de la question morale de la dénonciation, de sa nécessité républicaine et de sa légitimité vertueuse.

Notre droit actuel semble très clair sur la question, il établit sept cas de dénonciation, en particulier pour atteinte à la sécurité de l'État, qui peuvent être légalement rémunérés. Il définit d'autres cas, les crimes contre l'intégrité de la personne, susceptibles d'entraîner une condamnation à l'encontre de ceux qui ne les auraient pas signalés à la justice. Pourtant, qu'il le veuille ou non, le droit comme tout le reste est soumis au temps qui passe, à la variabilité des jugements comme aux méandres des opinions. Et surtout il ne peut pas tout. Le droit et l'histoire font souvent mauvais ménage. Les errances du procès de Maurice Papon, l'ancien secrétaire général de la préfecture de Bordeaux sous Vichy, soixante ans après les faits, l'ont suffisamment prouvé. Les héros d'hier sont les traîtres de demain et réciproquement. Chacun connaît l'aphorisme de Pascal : « Vérité au-deçà des Pyrénées, erreur au-delà. » Il y a vingt ans *Le Nouvel Observateur* avait dressé un état des lieux de la dénonciation en forme de sondage. 96 % des Français étaient prêts à dénoncer un voisin pour un enfant maltraité, 59 % si ce dernier avait battu sa femme, et 12 % s'il avait fraudé le fisc. Qu'en serait-il aujourd'hui ? L'indulgence est variable. La morale comme les légitimités qui nous font agir aussi. Ce qui différencie le signalement de la dénonciation et la dénonciation de la délation n'a bien souvent que l'épaisseur d'une feuille de papier à cigarette et cette épaisseur-là tient tout entière dans notre jugement. La chose est entendue, voilà bien longtemps que nous avons mis la délation du côté des régimes totalitaires et que nous prêtons à la dénonciation de saines vertus démocratiques et républicaines. La citoyenneté est née de cette fragile différence de sens, au tout début de la Révolution, et la République y a peu à peu trouvé les raisons de son salut. Le comité des recherches de l'Assemblée nationale, celui de la ville de Paris ont été créé au creux de l'été 1789 sur fond de Grande Peur et d'insurrection générale. Les dénonciations y étaient reçues par milliers au nom du droit à la liberté d'expression et de la défense de la nation contre ses ennemis. Il faut relire Mirabeau. Il faisait déjà de chaque citoyen une « sentinelle vigilante ». « Ce n'est pas à lui de décider si ce qu'il a entendu ou ouï dire est ou n'est pas fondé sur des preuves. Il n'est que le rapporteur ; son ministère est un devoir, son silence serait un crime. » Voilà la dénonciation érigée en « palladium de notre liberté naissante ». Très bien, mais le problème c'est que toutes nos grandes crises politiques ont charrié avec elles leur lot de haines, d'idéologies, de rancunes et de jalousies. Cela n'a pas manqué sous la Terreur, trois ans plus tard. Les comités de sureté générale et de surveillance de tous poils se sont multipliés sur tout le territoire et la dénonciation politique et sociale est très vite devenue, au nom de la morale et de la vertu républicaine, l'arme incontournable de la violence révolutionnaire. Elle a fini par se suffire à elle-même. Peu importe les preuves. Par ses lois de septembre 1793 (sur les suspects) et de juin 1794 (sur les ennemis de la République), la Convention nationale a fait de la dénonciation le fondement même de l'accusation. La guillotine est au bout de cette logique-là.

Les grandes périodes de soupçon ont toujours été de grands moments de violence au nom d'une morale trop souvent érigée en lieu et place de la politique et du droit. Les cinq millions de lettres de dénonciation du régime de Vichy, les vingt mille autres adressées au commissariat général aux questions juives sont là pour nous le rappeler. On dénonce encore aujourd'hui les réfractaires du fisc et, pire encore, les insoumis du confinement. J'ai toujours eu de l'affection pour ceux qui aux plus détestables moments de notre histoire ont eu le courage de se lever contre la « vertu » surveillante. Je pense à François de Pange, un révolutionnaire modéré, l'ami du poète André Chénier. On a réédité récemment ses *Réflexions sur la délation* publiées en 1791. Il faut le relire. « La délation ferait peu de progrès si elle ne rencontrait dans le peuple des dispositions à la croire […]. Quel scélérat la redoute [l'opinion] quand il a vu d'autres scélérats la tromper ? »

Le silence n'excuse personne mais l'Histoire en accuse beaucoup.

Vous avez dit Brexit ?

On allait en Angleterre au XIXe siècle pour y apprendre la liberté et le régime parlementaire, « ces institutions si bien éprouvées dans un pays voisin » comme disait Talleyrand au vieux Louis XVIII en 1814, alors qu'en France on sortait tout juste de la Révolution et de l'Empire autoritaire. C'était une sorte de voyage initiatique, un parcours obligé et fasciné, pratiqué par tous ceux qui se sentaient un peu plus libéraux que les autres. On se rendait d'abord à une séance de la Chambre des communes, puis on allait à Westminster Hall suivre un procès par jury de jugement. On se faisait ensuite inviter dans un club à une réunion politique sur l'abolition de la traite des Noirs ou tout autre sujet et on finissait par assister à des *hustings*, sortes d'arènes publiques où les candidats s'affrontaient sans retenue à l'occasion d'une élection locale, comme dans la série drolatique des quatre tableaux de William Hogarth (*An Election*) exposée au merveilleux John

Soane's Museum à Londres. On était ébloui alors par la puissance de la presse anglaise et le rôle de l'opinion dans la vie du pays. « Autrefois, raconte Charles de Rémusat dans ses Mémoires, l'Angleterre était notre étude. Nous y venions chercher le gouvernement comme on cherche les arts en Italie. Son expérience nous servait d'enseignement. Sa liberté ne nous humiliait pas : nous opposions nos espérances à ses souvenirs. » Était-ce si lointain ?

L'étude de l'Angleterre reste d'actualité aujourd'hui. Il faut y être en ce moment, à condition d'échapper au zèle des douaniers français, pour comprendre ce qui s'y passe et comment 650 députés anglais peuvent jouer sans sourciller, à leurs risques et périls mais sans trop s'en inquiéter, avec les nerfs de plus de 500 millions d'Européens. Tout le monde connaît le mot d'André Siegfried à ses élèves à l'occasion de l'un de ses cours d'entre les deux guerres : « L'Angleterre est une île. Et maintenant, vous en savez autant que moi. » C'est toujours vrai. Voilà trois jours que j'y séjourne et, comme à chaque fois, je vais de surprise en surprise. Hier, un jeune Anglais me racontait avec la plus grande placidité que même l'Écosse où il se rend pourtant régulièrement restait pour lui « *a different country* ». L'Angleterre est une île et elle se souvient encore de son empire. Écoutez n'importe quel bulletin d'information à la BBC. Vous aurez d'abord droit à des nouvelles du Royaume-Uni, puis du Commonwealth, puis enfin de l'Europe et du reste du monde. Les querelles de voisinage avec les Écossais, les Gallois ou les Irlandais comptent infiniment plus pour eux que la survie du couple franco-allemand ou les méfaits du groupe de Visegrad.

L'Angleterre est décidément un pays étrange et furieusement exotique où le *breakfast* est un rite, où les monuments publics de Londres ont des noms de défaites, où l'on aime ses chiens et ses chevaux presque autant sinon plus que sa femme, où les *bobbies* sont aimables, où l'on roule du mauvais côté de la route et où l'on boit du porto après le dessert en le faisant circuler à table de droite à gauche tout en évoquant les mânes d'un obscur évêque qui au XVIIIe siècle aurait gardé la carafe pour lui à force d'avoir bu (« *Mind the bishop of Norwich !* »).

Avez-vous jamais été aux courses de Cheltenham près de Bristol, les plus prestigieuses d'Angleterre ? Il faut s'y rendre au moins une fois dans sa vie pour prendre le pouls du pays profond et s'apercevoir du caractère îlien des Britanniques. Le spectacle est fascinant. Trente mille Anglais (et presque autant d'Irlandais) en costume de tweed et casquette, indifféremment rouges à force de boire et de parier, hurlent à chaque victoire de l'un de leurs chevaux favoris. Vous y verrez des dames en chapeaux extravagants, de vieux lords impeccables que plus rien n'étonne, des tribunes noires de monde, de la pluie, des chevaux magnifiques, des litres de bière et des collines embrumées. C'est le seul endroit au monde où l'herbe a l'air plus verte et plus grasse qu'ailleurs, le seul endroit où l'on ne vous posera jamais de questions, le seul endroit que je connaisse en Europe où les différences sociales sont clairement marquées par le costume et les accents. Mais la même passion les emporte tous, jeunes et vieux, peuple et *gentry*, hommes et femmes. « Cette heureuse race d'hommes », comme disait Evelyn Waugh. Drôles de gens tout de même, qui se méfient des étrangers ou les regardent au mieux avec une indifférence polie tout en restant indéfectiblement attachés à leurs libertés. D'aucuns diront à leurs intérêts et à leurs égoïsmes. « Les Anglais font tout mieux que nous », disait Talleyrand, et pourtant il n'était pas dupe. À son arrivée en Angleterre en 1830, alors qu'il venait d'être chargé par le roi Louis-Philippe de négocier l'indépendance de la Belgique, il eut ce mot sur Londres qui se passe de tout commentaire : « Quinze cent mille âmes, si l'on peut désigner par âmes les égoïstes qui l'habitent. »

Je comprends pourtant les Anglais et je me surprendrais presque à me sentir proche d'eux lorsque j'observe, de l'autre côté de la Manche, mon pays des gilets jaunes, des normes, de la peur, des blocages et des râleries, tout ce à quoi ils échappent en partie. Je sais bien qu'ils n'ont pas notre belle devise : *Liberté, Égalité, Fraternité*. Et alors ? Il est des peuples qui n'ont pas besoin de devise pour être heureux.

C'est Churchill qui a raison : « Chaque fois qu'il nous faudra choisir entre l'Europe et le grand large, nous choisirons le grand large ! »

Deux cathédrales

J'ai vu, comme d'autres, les flammes monter des tours de Notre-Dame depuis le pont de la Concorde. C'était bouleversant. J'étais trop loin pour entendre les craquements de la charpente. Il régnait sur ce pont une sorte de silence stupéfait. Un mot, un seul, flottait sur toutes les lèvres : « Quelle horreur ! » Puis les prières sont montées de partout comme autant de consolations. En le chantant, nous comprendrons peut-être mieux désormais le *Salve Regina* de notre enfance : « Vers toi, nous soupirons [...] dans cette vallée des larmes. »

La logorrhée des commentaires n'est venue que plus tard, comme si les mots nous servaient à chasser nos émotions ou pour certains à cacher leur vacuité. « Symbole », « mémoire », « identité », « patrimoine ». Nous avons eu droit à tout. Ceux qui ont assisté à l'ordination d'un prêtre sous les voûtes de la grande nef de Notre-Dame savent bien que ces mots-là sont insuffisants.

« Ils ont bombardé Reims et nous avons vu cela », écrivait Albert Londres dans *Le Matin*, le 21 septembre 1914 à propos d'un autre incendie célèbre. Et Proust, ce grand lecteur de Ruskin, a des mots poignants sur le « désastre de Reims » dans une lettre à une amie lorsqu'il compare la cathédrale à une « humanité de pierres ». Nous ne sommes pas en guerre, personne ne nous bombarde et pourtant nous nous sommes déjà presque habitués à vivre avec ce grand vaisseau dématé au cœur de Paris. Paris a deux patronnes, sainte Geneviève et Marie. La première s'était opposée aux barbares à l'époque d'Attila ; Louis XIII avait consacré la France à la seconde en un vœu resté célèbre. Je ne sais pas s'il prie encore en face de son fils de part et d'autre de la Pietà qui compose le maître-autel de Notre-Dame et si ce dernier a survécu à l'incendie, mais je suis sûr que les barbares ne sont pas toujours ceux que l'on croit.

Depuis huit siècles, depuis que Louis IX y a déposé la couronne d'épines avant de faire de la Sainte-Chapelle un reliquaire à sa mesure, elle a échappé à tout, aux guerres étrangères et à nos divisions, à la folie des terroristes de 1793 et à celle des incendiaires de la Commune, et même aux fantasmes néogothiques de Viollet-le-Duc inspirés par Victor Hugo. Elle s'est transformée peu à peu, à force de survie, en une sorte de lieu élu et mystérieux de nos réconciliations. Reims, Saint-Denis et même la Sainte-Chapelle sont restés du côté des rois. Comme sainte Geneviève et comme Jeanne d'Arc, Notre-Dame est devenue républicaine. C'est là, depuis deux cents ans, que nos gouvernants se souviennent que la France avait été autrefois la « fille aînée de l'Église ». Napoléon s'y est fait sacrer, des présidents y ont été commémorés, le général de Gaulle en sortait lorsque les Allemands ont tiré sur la foule le jour de la libération de Paris. Tout cela sentait parfois un peu la comédie, mais tout de même. Notre capitale est pleine de monuments qui nous rappellent nos guerres et nos divisions : le monument à l'amiral de Coligny, le mur des Fédérés, le Vel' d'Hiv. Même l'obélisque de la place de la Concorde cache mal les milliers de victimes qui y furent guillotinées sous la Terreur. Notre-Dame de Paris est le contraire de tout cela. Tout s'est passé dans notre histoire comme si nous avions voulu déposer à ses portes nos haines et nos rancunes. Personne ne se souvient que, le lendemain de la prise de la Bastille, le 15 juillet 1789, toute la ville s'y était rendue pour y célébrer la naissance de la liberté en un *Te Deum* plein d'espoir et d'enthousiasme, présidé par l'archevêque de l'époque Mgr de Juigné, et lorsque Delacroix fera de cette dernière, quarante ans plus tard, l'allégorie que l'on sait, c'est encore Notre-Dame qu'il montre dans le lointain de sa barricade de Juillet, un drapeau tricolore planté en haut de l'une de ses tours. Les tours resteront, nous le souhaitons tous, mais la cathédrale décoiffée demeurera longtemps le symbole à demi défait de ce que nous avons de mieux. On nous a parlé d'acte intentionnel. On l'a évoqué. Je n'y crois pas. Là où il y a de l'homme, il y a de l'hommerie, disait ma mère dans un sourire un peu triste.

La bêtise et la négligence ordinaire font parfois plus de ravages que toutes les haines du monde.

Une paix pour rien ?

Je demandais hier à ma fille (vingt ans) ce que pouvait signifier pour elle la date du 8 mai. Silence gêné. Puis, à tout hasard, celle du 11 novembre. La réponse est venue spontanément. « L'armistice, bien sûr. » Depuis 1953, la République a fait du 8 mai un jour férié. Elle nous a mis en vacances mais nous ne savons plus très bien pourquoi. La mémoire est volage. Elle est pleine de trous et d'aspérités. Certaines dates disparaissent, d'autres surnagent comme dans un poème d'André Breton. « C'était une succession de dates fraîches encore : celle du mariage de sa mère, un baptême, les rideaux du berceau du petit frère riaient au vent comme des mouettes sur les rochers de la côte. »

« Aube éphémère des reflets. » Le passé, lorsqu'il n'est pas le nôtre, a des airs de fantôme ou de femme légère. Nous oublions trop souvent que ceux qui nous ont précédés ont couché avec lui. Peut-être sommes-nous paresseux ou trop infidèles aux récits de l'histoire. En réalité, il ne s'est rien passé le 8 mai 1945. Les deux actes qui marquent la reddition sans condition de l'Allemagne nazie et le commencement de la fin de la Seconde Guerre mondiale, qui, avec ses 70 millions de morts, aura tout de même été le conflit le plus meurtrier de toute l'histoire de l'humanité, ont eu lieu la veille et le lendemain.

Le 7 mai, à deux heures du matin, le général allemand Alfred Jodl signe à Reims, au quartier général d'Eisenhower, un premier acte de capitulation au nom de l'amiral Dönitz, le successeur d'Hitler suicidé dans son bunker quelques jours auparavant. Le feu doit cesser le lendemain à minuit. Il était prévu, à Reims, que la ratification définitive de la capitulation aurait lieu à Berlin au quartier général du maréchal russe Joukov. C'est de cette scène-là dont on se souvient le mieux, si l'on s'en souvient encore. L'entrée du maréchal Keitel à la table des ratifications, le 9 mai à 0 h 10 du matin, uniforme impeccable, monocle vissé à l'œil droit, bâton de maréchal à la main, ceux qui l'attendent dans un silence de mort : Joukov et Vychinski pour les Soviétiques, l'Air Marshal Tedder pour les Américains, les signatures, la délégation allemande au garde-à-vous, la revanche, l'infamie et l'humiliation. Comme si Keitel, avec sa raideur de grand *junker* prussien et l'arrogance de l'officier supérieur nazi, personnifiait à lui seul tous les péchés de l'Allemagne, ceux du vieil empire et ceux du IIIe Reich.

Les nécessités du rapprochement franco-allemand puis celles de l'Europe, la chute du mur de Berlin nous ont fait oublier tout cela, au point que nous devrions presque être gênés par cette scène. Nous sommes décidément entrés dans un autre monde, comme si la reddition allemande de 1945 n'avait plus de réalité. En relisant certains Mémoires de l'époque, je suis frappé de constater que même sur le moment cette paix-là n'avait pas été vécue en France avec la même joie et le même enthousiasme que celle du 11 novembre 1918. Tout juste un soulagement d'arrière-garde. Pour les Français, la libération de Paris et d'une grande partie du pays en tenait déjà lieu depuis des mois. L'armée était en Allemagne. Strasbourg était libéré. Même de Lattre bloqué devant Colmar en avait fait l'amer constat dans l'une de ses lettres à de Gaulle en décembre 1944. Le moral de la Ire armée était alors au plus bas, les Allemands contre-attaquaient dans les Ardennes et on parlait de lâcher Strasbourg. « L'impression générale est que la nation nous ignore et nous abandonne. » Il aura fallu tout le réalisme politique du général de Gaulle, le poids aussi de ses songes de grandeur éternelle, pour que Strasbourg ne soit pas évacué et pour que les Français puissent passer le Rhin fin mars aux côtés des Américains qui ne voulaient pas d'eux ni de zone d'occupation française en Allemagne.

Tout cela fait apparaître un dernier personnage à la scène de reddition berlinoise du 9 mai 1945. Il n'est pas au premier plan, il signe en tant que témoin, mais il est là. C'est le général de Lattre, le commandant de la Ire armée. Sans cette présence, la France n'aurait sans doute jamais obtenu de siège au Conseil de sécurité de l'ONU et l'avenir du pays aurait été différent.

Mais il y eut ce malaise, peut-être celui du strapontin, un goût de cendres et de vieilles défaites, ou tout simplement le sentiment d'une paix bancale venue inquiéter tout le monde au milieu de la guerre. Que réservait l'avenir ? Mon parrain, Jean de Pange, était à Stuttgart le 8 mai 1945. Il revenait de Sibérie où il avait fondé l'escadrille Normandie-Niémen aux côtés des Russes. La façon dont il réagit au discours de victoire prononcé par de Gaulle le 8 mai en dit long sur nos amnésies et nos oublis d'aujourd'hui : « Je suis envahi d'une tristesse indéfinissable [...]. Ainsi, nous sommes vainqueurs et tout est fini ! » Et de Gaulle d'évoquer lui-même « cette flamme d'ambition nationale, ranimée sous la cendre au souffle de la tempête », avant d'interroger sans transition, en visionnaire inspiré, la tragédie de la paix : « Comment la maintenir ardente quand le vent sera tombé ? »

Vieux papiers, vieilles affiches

Aux dernières élections européennes, j'ai vu le maire de mon petit village du Maine passer par toutes les couleurs de l'arc-en-ciel. Ce n'était pas pour des raisons politiques, mais d'intendance. Comment obtenir et où placer les trente-quatre panneaux électoraux qu'exigeaient réglementairement les trente-quatre listes concurrentes ? Finalement tout s'était bien terminé et, à défaut d'« entrer dans l'Histoire », même Francis Lalanne avait eu droit à son affiche. Je me suis surpris ce jour-là à imaginer le nombre de tonnes de papier nécessaire à cette seule élection à l'échelle de l'Europe. Un jour viendra où tout cela arrivera sur nos portables, à moins que nous ne passions, comme aux États-Unis, au vote électronique.

La vie politique et ses évolutions se mesurent parfois à de toutes petites choses. Je me souviens dans ma jeunesse des grandes campagnes d'affichage aux élections présidentielles de 1974 et de 1981. On nous recrutait par dizaines et nous y passions des nuits entières dans une ambiance de franche gaieté. Ce cycle-là est en train de s'achever. La politique ne s'affiche plus ou en tout cas de moins en moins. L'affiche a pourtant été pendant plus de deux siècles l'arme de propagande préférée des révolutionnaires. Si j'en juge par le fonds Portiez de l'Oise (un conventionnel régicide) de l'Assemblée nationale et par ce qui a été conservé des affiches de notre Révolution, les murs de Paris devaient en être couverts en 1793. Cela vous avait un petit côté dazibao à la chinoise. On y trouvait de tout : des dénonciations, des avis, des réclamations, des proclamations, des circulaires à destination des sections sans-culottes, des annonces d'adjudications de biens d'émigrés. La vengeance révolutionnaire se lisait à chaque coin de rue : « Tremblez, tyrans, la foudre se prépare. » Plus de la moitié des hommes ne savaient pas écrire leur nom à la fin du XVIIIe siècle, mais les affiches étaient lues au grand air et l'information circulait oralement. Cette tradition est restée. À chaque révolution ses affiches. Alors qu'il se promène dans Paris en février 1848, le héros de *L'Éducation sentimentale*, Frédéric Moreau, s'émerveille à nouveau « des affiches de toutes les couleurs placardées contre les murailles » et rit des caricatures de Louis-Philippe « en pâtissier, en saltimbanque, en chien, en sangsue ».

Je me souviens des affiches, violemment réalistes, de la révolution d'Octobre et de la guerre civile russe reproduites dans nos manuels d'histoire, à la fin des années 1970 : les « fenêtres Rosta », Melnikov, Maïakovski, « Le capitalisme voilà l'ennemi » et les prolétaires en marche vers des lendemains qui chantent, dessinés en ombres chinoises sous une immense bannière rouge. Cet art-là n'était pas destiné aux cimetières, ni aux musées, comme dirait Philippe Soupault. À Mexico, au Musée national, les fresques de Diego Rivera ont presque des allures d'icônes laïques à la gloire du travail et du collectivisme. L'utopie socialiste était partout sur les murs. Elle avait l'air gaie et heureuse avant que l'on sache ce qu'il en avait coûté de dictature et de morts. Grâce aux recherches de mon ami Aymar du Chatenet, la Biélorusse Nadia Léger, la femme de Fernand, a désormais droit à son beau livre dont j'ai vu les superbes épreuves, avec ses aplats de couleurs vives, ses bleus, ses rouges, ses gris et ses mineurs cubistes en conquérants des temps modernes, harnachés de pioches et de marteaux-piqueurs.

Le mur de Berlin est tombé et tout cela est entré doucement dans la légende, comme les affiches de l'atelier populaire des Beaux-Arts, comme les détournements situationnistes de Mai 68. À ce compte-là, on se surprendrait presque à avoir la nostalgie des anciennes affiches publicitaires, lorsque ces dernières ne s'appelaient encore que « réclames ». On en voyait les traces à demi effacées, dans les années 1960, aux pignons aveugles de certaines maisons abandonnées : les biscuits Lefèvre-Utile, le savon Lechat, « Dubo Dubon

Dubonnet » et les « Apéritifs Suze, l'amie de l'estomac », et « Dop Dop Dop, adoptez le shampoing Dop ». Perec n'est pas loin et le bric-à-brac savoureux de son enfance : « Je me souviens du rouge à lèvres "Baiser", "le rouge qui permet le baiser" », « Je me souviens de "La pile Wonder ne s'use que si l'on s'en sert". »

C'était l'époque où Citroën s'affichait en lettres électriques sur la tour Eiffel. Les surréalistes avaient aimé cela avant-guerre, pour la part de rêve qu'ils y trouvaient. Sur les Grands Boulevards, Breton voyait dans l'affiche lumineuse des ampoules Mazda le visage mystérieux de Nadja. Et Apollinaire ouvre son plus beau poème, *Zone*, par le souvenir joyeux d'une rue industrielle couverte de réclames, avant de s'en retourner à la solitude de ses fétiches d'Océanie et de Guinée :

> J'ai vu ce matin une jolie rue dont j'ai oublié le nom
> Neuve et propre du soleil elle était le clairon
> […]
> Les inscriptions des enseignes et des murailles
> Les plaques les avis à la façon des perroquets criaillent.

Aujourd'hui, nous avons le verre, l'acier, les panneaux JCDecaux et l'affichage électronique sans invention ni superflu. Toutes ces choses anciennes du siècle passé n'existent plus. Elles ont le charme fragile des traces et du temps. Peut-être les aimons-nous parce qu'elles tapissent encore le fond de nos souvenirs.

Le plaisir de l'archive inédite

Nous connaissons tous le titre du plus beau des livres de l'écrivain suédois Stig Dagerman : *Notre besoin de consolation est impossible à rassasier*. Peut-être est-ce au fond pour cela que l'historien court sans cesse après ses archives. Certes, cela fait partie du métier. Chaque nouveau projet, chaque nouveau livre l'amènent à réfléchir sur la position qui devra être la sienne par rapport à son étude, sur la ou les questions qu'il sera amené à poser à son sujet et, pour reprendre un mot un peu barbare, à définir le « champ » de ses sources. On est là du côté de l'établi, du côté de la fabrique de l'histoire. L'autre côté est moins abstrait, plus sensible, et surtout beaucoup moins prévisible. Il prend parfois les allures d'un conte de Perrault. On mène l'enquête, on remonte des arbres généalogiques, on essaie de trouver les lointains descendants des proches ou des intimes du personnage sur lequel on travaille. On suit les miettes de pain du Petit Poucet avant que les oiseaux ne les mangent. Des lettres inédites nous attendent parfois au bout de ce chemin-là, dans une chambre ou dans un grenier. Le plus souvent dans des endroits qu'on ne soupçonne pas. C'est même parfois sportif. Je me souviens du fonds d'archives d'un château des bords de la Loire, près de Saumur. Il était conservé dans une ancienne salle des gardes aux murs épais, mal éclairée et sans chauffage. J'y avais passé une semaine entière. C'était au mois de mars et il y faisait tellement froid que j'avais fini par mettre des gants pour prendre mes notes. Une autre fois, je m'étais retrouvé dans une grande villa en pierres meulières de la région parisienne, volets fermés et jardin clos, de ces villas un peu tristes tout droit sorties d'un roman de Modiano. C'est là que dormaient les comptes secrets de la police de Napoléon, dans des cartons en molesquine verte éparpillés aux quatre coins de la maison. Dans chaque pièce, j'en trouvais un nouveau. On aurait dit Jason et la Toison d'or. Une vraie chasse au trésor.

« Je suis dans la forêt », fait dire Julien Gracq au lieutenant Grange dans *Un balcon en forêt*, comme pour mieux souligner le plaisir que ce dernier éprouve à se perdre jusqu'à disparaître. L'historien, lui, est dans le labyrinthe et il veut en sortir. Coûte que coûte. À chaque fois qu'il commence un nouveau livre, il part en voyage. Il s'en va à la recherche de ses traces. Celles de son sujet, de son personnage lorsqu'il est biographe, mais aussi, certainement, des siennes propres. Comme si le temps était habité de résonances, de miroirs et de reflets. C'est ce rêve de traces qui non seulement le fait vivre, mais donne à sa vie une dimension, une densité, une épaisseur que le présent lui offre rarement. Mes grandes émotions ont été celles de mes grandes découvertes, le plaisir immense de déchiffrer et de lire une lettre enfouie dans un carton, dans un grenier, comme si elle m'avait attendu depuis des siècles, comme si c'était la première fois, comme si l'encre du papier n'avait pas eu le temps de sécher. Je plains les jeunes historiens devant leurs écrans, qui n'ont accès qu'à des archives numérisées. Ouvrir un carton d'archives, défaire le lien de soie ou la ficelle qui tient ensemble la liasse des documents que l'on va lire, tout cela a quelque chose à la fois du rite d'initiation et de l'opération alchimique. Le grain du papier, son filigrane, le cachet de cire rouge ou verte qui ferme une lettre, sa calligraphie, les pleins et les déliés des mots, les repentirs et les ratures d'un premier jet. C'est un peu comme de sauter à pieds joints dans le passé, comme un court-circuit du temps. Mais cela demande de la patience. Il m'a fallu parfois des heures pour déchiffrer une seule page d'un brouillon de Fouché à l'écriture en pattes de mouche. Et que dire d'un document de la Renaissance ou du Grand Siècle !

Ces découvertes-là peuvent tenir de la méthode, mais aussi, parfois, du sortilège. « Un coup de dés jamais n'abolira le hasard. » Aux archives de la Bibliothèque historique de la ville de Paris, j'étais tombé un jour sur la correspondance de l'un de mes prédécesseurs qui comme moi avait écrit la biographie du « diable boiteux » et prince des diplomates, Charles-Maurice de Talleyrand, le serviteur de tous les régimes. C'étaient de petites lettres sur papier bleu, à en-tête imprimé. Et je suis resté sans voix en découvrant que l'adresse qui y figurait était la même que la mienne. Même ville, même arrondissement, même rue, même numéro. À près d'un siècle de distance ! La sonnerie du téléphone, une conversation inattendue, une rencontre inopinée peuvent vous conduire précisément là où on ne pensait jamais aller. La raison n'est pas toujours la meilleure compagne de l'historien. La chance et l'intuition sont aussi de la partie. J'ai écrit des livres entiers grâce à ce genre de hasards. J'en ai terminé d'autres que je maîtrisais mal faute d'avoir mis la main sur la source essentielle.

On dit que partir en exil, c'est laisser son corps derrière soi. C'est y perdre aussi son esprit. Peut-être est-ce, au bout du compte, cette hantise de l'exil qui fait courir l'historien. La séparation d'avec le temps, l'amnésie, l'oubli ont des allures de morgue et de charnier. Je pense au merveilleux roman de Henry James, *The Aspern Papers*, lorsque le héros du livre, un jeune essayiste américain, découvre finalement, après une longue quête, que les lettres de son poète préféré ont été brûlées. De son personnage, il ne lui reste plus qu'un portrait. « Quand je le regarde, dit-il à la fin du roman, mon chagrin d'avoir perdu ces lettres devient intolérable. » Je pense encore à Dora Bruder, cette jeune Juive de la guerre à peine visible dans un article de presse lu par hasard, et qui peu à peu prend forme dans le plus beau des romans de Patrick Modiano, je pense à tous ces personnages de papier et de fiction qui sont comme les doubles littéraires de ceux de l'historien. Julien Gracq avait raison. C'est lui qu'il faut écouter, quand il parle d'André Breton : « Elles gisent pourtant là derrière lui, les pièces de l'étincelante armure. »

Champion du monde

On est toujours le champion de quelqu'un d'autre et cela console parfois de ne l'être pas soi-même. Il est beaucoup question en ce moment de la réindustrialisation de la France que d'aucuns jugent « impossible » ou « illusoire », mais que notre président de la République prend très au sérieux, au point d'en avoir fait l'un de ses principaux « défis ». Notre crise sanitaire l'en a plutôt conforté. On multiplie les plans de reconquête. On voudrait inventer « l'usine du futur ». On rêve de faire de la prochaine batterie électrique le fer de lance d'une Europe innovante, solidaire et intégrée sur l'excellent modèle d'Airbus. On chante les mérites de la 5G.

Nous sommes encore loin de tout cela. Ce sont les transitions qui sont délicates. Chateaubriand l'avait bien dit : « Je me suis retrouvé entre deux siècles comme au confluent de deux fleuves. » Le vieux monde industriel se meurt. Il était européen et nous sommes de moins en moins sûrs que le nouveau le soit encore.

En attendant, quand Renault tousse, plus personne ne s'enrhume. Les usines ferment les unes après les autres, Ford, Goodyear, le japonais Bridgestone nous abandonnent et ce qui reste de notre industrie sidérurgique nous empêche de dormir. Plus rien ne va en Europe. On ne se parle plus, on se jalouse. On en est réduit, par défiance ou par bêtise, aux bonnes vieilles attaques boursières, à l'image de celle du gouvernement hollandais au capital d'Air France. Les turbines d'Alstom passent à General Electric à coups de chantage juridique et financier, et Siemens attend toujours son grand groupe ferroviaire européen, empêché par Bruxelles qui n'aime pas les monopoles, à commencer par les siens.

Heureusement, il nous reste en France les parfums, les vins et la cuisine. Ah ! La cuisine ! Elle survivra, j'en suis sûr, à tous les virus. Depuis que la gastronomie française a été inscrite par l'Unesco (en 2010) au patrimoine culturel immatériel de l'humanité, nous ne nous sentons plus d'aise, comme disait La Fontaine de son corbeau. Nous avons inventé la nouvelle cuisine, nous avons maintenant de nouveaux chefs. Quand on ne nous les interdit pas, nous passons des heures à trouver le restaurant de nos rêves sur Internet. Il n'y a jamais eu autant d'émissions consacrées à nos appétits sur les chaînes de télévision : *Les P'tits Plats de Babette*, *Les Escapades de Petitrenaud*, sans parler de *Top Chef* que certains de mes amis regardent en secret sans oser l'avouer. On est loin de *La Cuisine des mousquetaires* lorsque Maïté (en 1992), avec son inimitable accent des Landes, assommait et décapitait en direct une pauvre anguille qui avait oublié de se réveiller. « Ne bouge pas, ma chérie… » Et, après l'exécution fatale : « Là, maintenant, tu ne remueras plus. »

Nous aimons les produits de saison, sains et bio, mais nous n'apprécions plus guère la cuisine bourgeoise. Je conseille à tous ceux qui en auraient encore la nostalgie de relire la recette de la tartine aux rillettes d'oie longuement détaillée par Mlle de Garambois qui, à l'époque où Joris-Karl Huysmans l'a inventée (dans son roman *L'Oblat*, en 1903), partageait sa vie entre Dieu et les « bons petits plats ». On étale sur les rillettes une épaisse couche de beurre et de moutarde. On met le tout au four, on arrose d'une généreuse lampée de cognac et on fait flamber. Mon ami François Sureau avait rebaptisé cela « la tartine Huysmans ». Nous avions autrefois tenté de reproduire la recette et nous n'avons plus jamais recommencé. Trop indigeste. Tout a changé depuis. Passard et Gagnaire sont passés par là. Nous apprécions les associations imprévues, à la Max Ernst, la terre et la mer, le sucré et le salé, nous prenons nos plats préférés en photo et nous n'aimons rien tant que d'en parler, comme Talleyrand de son verre de xérès qu'il repose et ne boit pas. J'en reviens à notre excellence.

Ma femme, qui n'a de leçons de cuisine à recevoir de personne et est au courant de tout, vient de me raconter la chose suivante. Cela s'est passé en 2017 à Tain-l'Hermitage dans la vallée du Rhône. Toute la gastronomie mondiale y était réunie sous la présidence du grand chef Pierre Gagnaire. Il y avait là des Japonais, des Américains, des Anglais, des Canadiens et même des Suisses. Une confrérie charcutière en tablier noir, un jury prestigieux, un maître des cérémonies à la voix de stentor et d'incorruptibles huissiers. Tout cela était très sérieux. Il s'agissait, pour la dixième édition, de couronner l'inventeur du « meilleur pâté en croûte du monde ».

C'est très délicat, le pâté en croûte, un peu comme nous autres Français. Il faut beaucoup d'art, d'intuition, de patience et d'expérience pour trouver l'accord magique entre la gelée, la farce et la croûte. Aussi les plats défilaient-ils sous le nez des jurés dans un fumet d'apothéose : « pâté n° 8 : pâté-croûte "Faites vos jeux", veau, volaille, cochon mariné à la lie de saké, gelée de pigeon fumé » ; « pâté n° 13 : "Le simplissime", viande de cochon, foies de volaille, filet de pintade, filet de canard, filet de poulet, foie gras, girolles et morilles ».

Et que croyez-vous qu'il arriva ? Ce fut un Français qui gagna. Champion du monde du pâté en croûte ! Sincèrement, je m'en réjouis. Pour le reste, faute de grives, mangeons des merles.

La France des angles morts

On ne voyage plus. On se déplace d'un point à un autre en espérant oublier le temps qui passe. J'ai un peu la nostalgie de mes voyages d'autrefois, de ces voyages « à la billebaude » où l'on ne sait pas ce que sera l'étape du soir ni où elle sera et qui me conduisaient de surprise en surprise, comme on le ferait d'un grand distrait, par des routes de traverse à moitié vides, dans une France encore champêtre et rurale désormais disparue.

L'été se prête à ce genre de vagabondage. Il m'est donc arrivé récemment de renouer avec mes vieilles habitudes et de me retrouver dans l'une de ces rares régions françaises oubliées de nos modernes aménageurs, aux confins de la Touraine et du Berry. Les villages y sont blancs et silencieux, leurs églises sages et leurs jardins secrètement ordonnés. De loin, on dirait les mâts d'un bateau fantôme sur une mer sans orages. On s'y promène à la manière des archéologues dans un fouillis d'architecture, quelque part entre le XIVe et le XVIe siècle. C'est la France des Valois et puis celle de Baudelaire : « Le vert paradis des amours enfantines. » Imbert de Batarnay, le chambellan de Louis XI, dort à Montrésor sur une dalle de marbre noir, revêtu du collier de Saint-Michel, un lévrier à ses pieds en signe de fidélité, tandis que les ruines de son château veillent encore sur le village. Comme à Saint-Aignan-sur-Cher, comme partout alentour. Comme si les miniatures des *Très Riches Heures du duc de Berry* avaient été repeintes par Victor Hugo. Les abbayes y ont été tellement détruites par les guerres de Religion et par celles de la Révolution que c'est à peine si l'on aperçoit les restes d'un cloître ou d'une chapelle. Ceux qui les dirigeaient étaient des hommes puissants. À l'entrée de Villeloin, j'ai vu, au-dessus d'une porte, les deux ailes accolées des armes de Michel de Marolles, abbé de ces lieux, le traducteur de Lucain et le collectionneur de ce qui sera le premier grand fonds de gravures de la bibliothèque royale de Paris. Cette France-là, c'est celle de la Renaissance, des humanités, du grec et de l'hébreu. Elle était habitée par des paysans, des érudits et des croyants. On ne sait jamais ce qu'on peut y trouver.

Dans le chœur de l'église de Nouans-les-Fontaines, j'ai vu un immense tableau éclaboussé de blanc et comme illuminé par la jeunesse de ses visages. J'ai su très vite qu'il s'agissait de l'une des rares œuvres retrouvées de Jean Fouquet, sa *Pietà*, qui autrefois avait peut-être été l'un des panneaux d'un triptyque aujourd'hui disparu. Joseph d'Arimathie et Nicodème déposent le Christ aux longs cheveux tombants sur les genoux de sa mère vêtue de bleu et comme recouverte du suaire de son fils, tandis qu'à droite un donateur agenouillé, dans le surplis des chanoines, la quarantaine, le cheveu rare, les regarde. La scène est imprégnée de la bienveillance des morts et de l'inquiétude des vivants. Des hommes portent des turbans à la façon des Juifs du XVe siècle, des femmes, coiffées du voile noir des nonnes, pleurent. Aux pieds de la Vierge, on voit les clous de la croix et la couronne d'épines. Tout est à la fois simple, douloureux et serein, en une sorte de face-à-face qui n'aurait eu pour unique raison que le silence et l'émotion. J'ai pensé aux vers d'Apollinaire :

> Tu te moques de toi et comme le feu de l'Enfer ton rire
>   pétille
> Les étincelles de ton rire dorent le fond de ta vie
> C'est un tableau pendu dans un sombre musée
> Et quelquefois tu vas la regarder de près.

J'ai pensé aussi à son ami Max Jacob qui était venu là alors qu'il s'était réfugié non loin, à côté de l'abbaye de Saint-Benoît-sur-Loire, dans les années 1930, avant que les Allemands ne l'emmènent pour toujours en février 1944. « Je remercie Dieu du martyre qui commence. » Peut-être a-t-il pensé ce jour-là à la Vierge de Fouquet, « Marie reçue en grâce / Reine d'une éternelle couronne / Il faut bien que je vous pardonne ». J'aurais aimé encore être à la place de Paul Vitry, un ancien conservateur du Louvre, lorsque, en 1912, celui-ci, le premier, découvrit le tableau. Depuis, seule sa beauté et la force de sa présence tiennent lieu d'explication à son mystère. On ne sait toujours pas qui l'a commandé : Jean Jouvenel des Ursins, le fils de Guillaume dont Fouquet a laissé un portrait, ou Nicolas Cœur, le frère de Jacques, le grand argentier de Charles VII, ou un autre ? On ne sait pas quand il a été peint, et pas plus comment il est arrivé là, oublié pendant des siècles dans une église du bout du monde. Peut-être mon émotion aurait-elle été différente si je l'avais découvert dans un vaste musée entouré d'autres tableaux. Ce genre de moments tient à peu de chose : une porte qu'on ouvre, la pénombre, l'inattention, le choc et la surprise. Quand parfois l'Histoire rencontre la vie, dans la confusion de ses traces et la conviction que dès lors nos questions ne seront plus les mêmes.

Nos « 18 juin »

Il y a des dates comme cela, où les événements se télescopent et se bousculent comme s'ils avaient choisi d'advenir le même jour. Le 18 juin est de celles-là, tel un aimant qui attirerait à lui depuis des siècles le meilleur et le pire de nos vieilles querelles. À commencer par celles qui nous ont opposés à l'Angleterre, notre ennemie héréditaire. Avant d'être la date de la cruelle débandade de Waterloo qui consacrera pendant plus d'un siècle la suprématie des Anglais sur la France, le 18 juin a été longtemps celle de nos victoires successives contre eux. C'est un certain 18 juin 1429, en pleine guerre de Cent Ans, à Patay, non loin d'Orléans qu'elle venait de leur prendre, que Jeanne d'Arc écrase les Anglais de Talbot. C'est encore un 18 juin, mais cette fois en 1694, pendant la guerre de la Ligue d'Augsbourg, que les soldats de Louis XIV chassent de la presqu'île de Crozon les Anglais qui cherchaient à prendre Brest. Les défenses de Vauban s'étaient révélées efficaces et le port breton ne sera désormais plus jamais attaqué par la mer.

Tout cela s'effondre à Waterloo le 18 juin 1815. Il faudra attendre longtemps pour que la plus célèbre défaite de notre histoire devienne, selon l'expression de Victor Hugo, « la date stupéfaite de la liberté » et que le fameux mot de cinq lettres lancé par Cambronne au milieu du dernier carré de la garde impériale l'ait été « au passé, au nom de la Révolution ». Waterloo symbolisait pour l'auteur des *Misérables* la lutte du nouveau monde contre l'ancien, celle de la République en devenir contre les rois coalisés de l'Europe. De cette lutte devait nécessairement advenir la paix et le triomphe des libertés françaises. « Qu'un tel aigle sorte d'un tel œuf, c'est à coup sûr l'inattendu. » « Il n'y a eu dans ce siècle qu'un grand homme et une grande chose, disait encore Hugo : Napoléon et la Liberté. À défaut du grand homme, ayons la grande chose. »

La chose est plus compliquée que cela. Waterloo a été pendant longtemps en France le lieu et le signe de nos divisions. Comment Louis XVIII, le successeur de Napoléon, pouvait-il s'arranger d'une telle raclée alors même qu'elle était en même temps la victoire de ses alliés ? Pour les uns Waterloo devait disparaître des mémoires, pour les autres, elle était cette « défaite glorieuse » très vite célébrée du côté républicain : celle des charges héroïques des cuirassiers de Crabbé, laissé pour mort sur le champ de bataille, comme le colonel Chabert à Eylau dans le roman de Balzac ; celle de Jacquinot, de Ney et de Cambronne. Ceux qui y avaient participé étaient de véritables patriotes, ceux qui l'avaient déplorée, des traîtres. C'est en se souvenant de la bataille que Louvel assassine le duc de Berry en 1820 : « Depuis le 18 juin, j'ai toujours entendu retentir le canon de Waterloo. » Il faudra la nouvelle épreuve de Sedan pour que Renan fasse de Waterloo, dans son beau discours sur la nation à la Sorbonne en 1882, le lieu de la réconciliation des Français avec eux-mêmes à travers le souvenir partagé de leurs sacrifices et de leurs souffrances. Mais le mal était fait. Waterloo annonce déjà l'esprit de revanche, le nationalisme et le militarisme qui emportera l'Europe à deux reprises au XXe siècle.

Nous voilà revenus à notre 18 juin. Car c'est un certain 18 juin 1940 que de Gaulle, général de brigade à titre temporaire, lance son fameux appel au micro de la BBC. « Quoi qu'il arrive, la flamme de la résistance française ne doit pas s'éteindre et ne s'éteindra pas. » De Gaulle a-t-il pensé à Waterloo en prononçant ces mots ? L'Histoire est pleine de facéties. Les ennemis d'hier devenaient les alliés d'aujourd'hui face à la barbarie nazie. Louis XVIII avait « émigré » en 1815, pas le général de Gaulle. Ce ne sont pas les circonstances qui font les événements, c'est la part de légitimité qu'on leur accorde sinon sur le moment, du moins bien après, dans nos consciences. Encore faut-il que ceux qui créent ces événements soient absolument persuadés de leur bon droit. De Gaulle rachète par son discours de 1940 tout ce que le 18 juin comportait de divisions et de défaites. Il faut relire ses *Mémoires de guerre* pour s'apercevoir des fragilités de ce moment-là : « À quarante-neuf ans, j'entrais dans l'aventure comme un homme que le destin jetait hors de toutes les séries. » La petite poignée de ralliés de la France libre, à Londres en juillet, finira par faire de notre pays exsangue et occupé un membre à part entière du Conseil de sécurité de l'ONU !

« L'Histoire, c'est la rencontre d'une volonté et d'un événement », disait encore de Gaulle. Nous savons bien qu'elle est beaucoup plus que cela, mais parfois, à certaines dates, en faisant de nous les héritiers de ce que nous avons de plus précieux et dont nous nous souvenons à peine : la résistance et la liberté, elle prend des allures de parabole : « Qu'as-tu fait de tes talents ? »

L'adieu au cavalier

Les rencontres les plus inattendues sont souvent les plus belles. Nous venions, ma femme Alexandra et moi, au haras de l'Aulnière en Anjou, pour la première fois. C'était un matin d'août, il y a une dizaine d'années, dans la lumière poussiéreuse de l'été. Il n'y avait personne aux écuries et nous errions un peu au hasard quand nous sommes entrés dans ce qui ressemblait à un manège.

Il existe toutes sortes de silences. Celui du mépris, ceux du cœur, les silences gênés, ceux de l'obéissance, ceux qui portent le poids d'une faute, le silence de l'oubli, ceux de l'ennui aussi, et même celui du vide.

Dans ce manège, ce matin-là, quelque chose rayonnait en silence. Au centre du cercle se tenait un homme de petite taille. Sur le cercle et parfaitement incurvé, un grand cheval bai brun le saluait au pas rassemblé. Il n'y avait pour seul contact entre le cheval et l'homme que la présence de ce dernier. Pas de longe, pas de chambrière. Nous sommes restés là quelques secondes, un peu interdits, avant que l'homme s'aperçoive de notre présence.

Nous venions de faire la connaissance du colonel de Beauregard.

Depuis, nos visites se sont multipliées. François de Beauregard n'était pas bavard. Sa courtoisie lui tenait lieu de mots. Peut-être cela touchait-il à sa nature, peut-être à son ancien état militaire, peut-être à ses années de cavalier. L'art équestre a cela de commun avec la bonne littérature qu'il s'épargne les bavardages inutiles. Ce qui lui est essentiel est rarement dit. Il faut aller le chercher.

Il y avait autour de lui plusieurs cercles à franchir : celui de Saumur, du Cadre noir et du musée de la Cavalerie dont il avait été l'initiateur ; celui de sa passion pour l'architecture et pour les échappées belles à la façon des archéologues ; celui de sa famille enfin et de ceux qui l'avaient précédé : son ancienne maison, ses souvenirs, ceux de son ancêtre le maréchal Valée, les campagnes d'Espagne et celles d'Algérie à l'époque de Bugeaud, du duc d'Aumale, de la Smala et des pantalons garance inventés par Charles X.

Plus je le voyais et plus j'avais le sentiment d'un homme qui aurait suivi en silence et à l'échelle de sa vie le plus beau des principes du général L'Hotte dont il avait été le successeur au Cadre : « On ne peut passer à l'étape d'après avant que l'étape précédente ne soit acquise. » Avec lui, la rigueur n'était jamais synonyme de raideur, au contraire, elle tenait lieu d'école et d'apprentissage. Tous les matins, il était à cheval. L'équitation est une religion. Elle aussi a ses offices. Il y était jusqu'au bout, comme si sa mémoire et son attention étaient restées là, concentrées, mieux, plus longtemps et plus qu'ailleurs. Le jour où il a cessé de monter a été l'un de ses derniers.

Le colonel de Beauregard, 33ᵉ « grand dieu » du Cadre noir, est mort et avec lui peut-être un peu de mes rêves de Saumur, la reprise des sauteurs et celle du Manège où seul l'écuyer en chef entre au pas d'école, la danse des huit, les bicornes, les cravaches à virole d'or et les chevaux nattés d'amarante, la carrière Marengo et les manèges tout blancs du Chardonnet qui sentent encore les charges de l'Empire : « Lasalle », « Montbrun », « Kellermann », « La Moskowa ». Depuis, le Cadre a déménagé. Tout cela est retourné au silence et les noms des écuyers en chef, gravés aux murs du Manège des écuyers, sont comme les derniers gardiens de ce monde ancien.

Bien sûr, François de Beauregard n'emporte pas tout cela avec lui, le Cadre noir existe toujours, mais j'ai pensé le jour de sa mort à Paul Morand et à son roman *Milady*, à son adaptation au cinéma aussi et à Jacques Dufilho, admirable comme lui de réserve, d'inspiration et de tension contenue, en commandant Gardefort.

Comme si Morand avait fait de son officier imaginaire l'ancêtre de cet écuyer-là. Comme si les dernières pages de sa nouvelle, lorsque Gardefort n'a d'autre choix que de se séparer de sa jument, lui avaient été dédiées. Comme une prémonition : « Dans la cour vide, un cheval et un homme tournaient sans bruit, rasant les murs et au pas […]. Le cavalier, raidi, contracté, se tenait droit comme s'il se présentait devant Dieu […]. On eût dit qu'un même malheur les touchait, tant l'âme du cavalier semblait avoir passé dans le corps de son cheval. Le commandant Gardefort montait Milady pour la dernière fois. »

Il y aura toujours des « dernières fois ». Il y aura toujours des écuyers noirs à cheval pour hanter nos souvenirs. Je les salue en cavalier. « Calme, en avant, droit. »

La dette et nous

Je sais que cela relève du pur symbole mais la visite d'Emmanuel Macron et du président de la République italienne Sergio Mattarella à Amboise et à Chambord en mai 2019, à l'occasion du 500ᵉ anniversaire de la mort de Léonard de Vinci, en dit long sur notre histoire commune. Pour le meilleur et pour le pire. Nous ne partageons pas seulement avec nos cousins italiens ce que nous avons de bien : la littérature, les arts et la peinture. Nous sommes si proches que nous avons aussi les mêmes défauts : une certaine désinvolture vis-à-vis de l'argent public et une capacité non moins certaine à nous endetter sans nous en soucier plus que de raison. Au tableau des mauvais élèves de l'Europe, l'Italie nous devance avec Chypre, la Grèce et l'Espagne, mais nous la serrons de près. La crise sanitaire qui sévit depuis 2020 n'arrange rien. La générosité française a un prix. Notre dette a déjà largement dépassé le montant annuel de notre produit intérieur brut.

L'euro est allemand, certainement pas italien ni français, et nous le méritons de moins en moins. Tout le monde connaît le mot du baron Louis, sans doute le plus extraordinaire ministre des Finances que nous ayons eu en France : « Faites-moi de bonnes politiques, je vous ferai de bonnes finances. » C'était au XIXe siècle et cela sonne presque comme une anomalie. Je ne sais pas ce qu'il en est en Italie des rapports tumultueux des finances publiques, de l'impôt et de la politique, mais je note que chez nous cela tient parfois de la schizophrénie. Les gilets jaunes en ont été le signe : plus d'État et moins d'impôts ! C'est une tradition. Au point que la dette a toujours été au cœur de nos grandes crises politiques.

C'est bien l'odeur nauséabonde du déficit qui nous a conduits tout droit à la Révolution. Louis XVI s'est effondré sous son poids. La dette était de 335 millions de livres à la mort de son grand-père en 1774, elle frisera les 2 milliards en 1789. Cette année-là, son service absorbait à lui seul la moitié des recettes. Il est aujourd'hui le quatrième poste des dépenses de l'État. La guerre d'indépendance américaine et les succès de la flotte française contre l'Angleterre n'expliquent pas tout. La monarchie est morte de n'avoir pas su contrôler ses dépenses, et tout autant d'avoir été incapable d'améliorer le rendement de l'impôt en le rendant plus juste. En 1788, la France était au bord de la banqueroute. C'est au nom des rentiers de l'État et de la « rue Vivienne », comme l'on disait alors, que le tiers état s'est déclaré Assemblée nationale, le 17 juin 1789, en mettant la dette publique « sous la garde de l'honneur et de la loyauté de la nation française ». « Le déficit est le trésor de la nation », disait encore Mirabeau avec son sens des paradoxes flamboyants.

Les biens du clergé y sont passés, puis ceux des émigrés, et pourtant, huit ans plus tard, le Directoire n'en a pas moins fait faillite en décrétant la banqueroute des deux tiers. Comme s'il existait une sorte de fatalité française vis-à-vis de ses déficits. Le Directoire est mort de son « tiers consolidé » qui aura rendu furieux les créanciers de l'État. Et, lorsque, un quart de siècle plus tard, Louis XVIII restauré voudra apurer les bêtises de Napoléon et solder la gloire de l'Empire en réduisant l'armée de moitié et en mettant ses officiers à la demi-solde, il y gagnera le « vol de l'Aigle » et finira misérablement en exil à Gand.

Malheureusement, en France, la bonne finance ne fait pas toujours de la bonne politique. L'Histoire le démontre assez. On aimerait pourtant entendre de nouveau les mots prononcés par Talleyrand en 1814 à la Chambre des pairs (l'ancêtre de notre Sénat), lorsqu'il présentait, pour la première fois depuis un quart de siècle, un budget à l'équilibre : « C'est l'exactitude à tenir ce qu'on a promis, c'est la fidélité à ses engagements qui deviennent aujourd'hui les nobles expé-

dients que la franchise du roi propose à ses sujets. »
Promesses et franchise. De nos jours comme hier, on n'a jamais été avare des premières. On nous gratifie rarement de la seconde.

Molière parmi nous

Les prix d'histoire diffèrent des prix littéraires dans ce sens où ils sont moins prestigieux, moins dépendants du petit monde parisien des maisons d'édition et qu'on en distribue toute l'année au-delà de la sacro-sainte rentrée de septembre. Ils n'en font pas pour autant moins plaisir aux historiens qu'aux romanciers. Après tout, les « hochets » de Napoléon valent pour tout le monde. On commence par en recevoir, et puis, un beau jour, on vous demande de les remettre. On siège dans un jury et on finit par écrire des préfaces. Comme le temps passe ! On est sûr alors d'avoir atteint la soixantaine. Les livres que je lis en ce moment sont des livres sélectionnés pour des prix. Il en est de bons et de moins bons, comme pour tout le reste. Il en est un en particulier que je déguste lentement parce qu'il est dense et qu'il me fascine. C'est une biographie consacrée à Molière par l'un de ses meilleurs connaisseurs, Georges Forestier. On croit tout savoir de lui – Saint-Eustache, Pézenas et Lyon, la province et Paris, Louis XIV et son frère, Corneille, Lully, l'Illustre Théâtre, la pauvreté, la gloire et la disgrâce – et on a tort. Dans *Le Monde retrouvé de Louis-François Pinagot*, un obscur sabotier du Perche qui vivait au XIXe siècle, l'historien Alain Corbin avait voulu faire l'expérience des impasses d'une « biographie invisible », privée d'individu. Comment faire revivre un anonyme uniquement à travers les lieux qu'il a habités, le métier qu'il a exercé, la société dans laquelle il a vécu ? Toute proportion gardée, il en va de même pour Molière. Comme dans le *Manifeste* de Breton, avec lui, on a toujours un peu le sentiment que l'existence est ailleurs. On a le bruit, mais on n'a pas les traces : pas de lettres, ni de carnets, pas un journal, ni même des notes. Il n'y a guère que les livres de comptes du comédien La Grange qui nous renseignent minutieusement sur les recettes de ses pièces. Molière ne nous parle que dans ses comédies. Bien sûr, d'autres parmi ses contemporains se sont exprimés pour lui, mais, tels de mauvais ventriloques, ils n'ont fait que le réinventer à mesure. C'est une belle aventure que de passer de l'autre côté du miroir et de faire entendre des silences. Tout le livre de Forestier est une sorte d'hommage au *Contre Sainte-Beuve* de Proust qui ne croyait pas, lui non plus, que l'on puisse expliquer l'œuvre d'un écrivain par sa vie. C'est même tout le contraire. Ici les pièces de Molière entrent en résonance et même en intelligence avec un contexte, un climat, des interdits et des obsessions qui étaient ceux de la société de son temps. Son génie, c'est d'avoir été le premier à la regarder en face tout en la faisant rire. Avec Molière on sort du théâtre de l'illusion et de la surprise hérité des auteurs espagnols de l'âge d'or. Ce n'est plus l'intrigue qui fait les personnages, ce sont ces derniers, leur caractère et leur nature singulière qui font exister la pièce. La vie n'est plus un songe. Les créatures de Molière ont même suffisamment de force et de consistance pour quitter leur époque et n'appartenir à aucune. C'est peut-être pour cela que, sous tous les règnes et tous les régimes, des acteurs ont su, après lui, si bien les servir. « Quoi de neuf ? » demandait-on à Guitry après la guerre. « Toujours Molière », répondait-il. Molière, ce sont les « Classiques Garnier », la Comédie-Française et les monstres sacrés de notre enfance. Pierre Dux en Arnolphe et Adjani bouleversante en Agnès dans *L'École des femmes*, Michel Bouquet en Harpagon, Francis Weber en Dom Juan et même, plus récemment, Luchini en Alceste. « C'est un sujet merveilleusement vain, divers et ondoyant que l'homme », disait Montaigne. C'est un sujet dont les chapitres, variables, contradictoires et successifs ne changent pourtant pas la teneur du livre. Les Tartuffe, les Harpagon, les Alceste, les Jourdain sont toujours là. On les croise matin et soir : le « cœur sincère » de Dom Juan et la peur de mourir d'Argan (dans *Le Malade imaginaire*), l'argent, l'hypocrisie, l'amour de soi et le mépris des autres, le temps qui passe, l'âge et les passions.

Molière est certainement un bon sujet de biographie, mais c'est surtout lui le biographe, et parmi les meilleurs. De ceux qui savent tout à la fois nous rendre à notre humanité et nous prévenir de nos illusions. « Un dangereux personnage. [...] L'on peut dire de lui qu'il ne va point sans ses yeux, ou sans ses oreilles », disait de lui l'un de ses contemporains. « Le contemplateur », disaient d'autres. On ne le joue pas beaucoup ces temps-ci. C'est dommage. On aurait bien besoin de lui.

Les îles de mon enfance

Les îles sont à nos rêves ce que sont nos souvenirs lorsque l'enfance nous a quittés. Des bouts de terre qu'on n'abordera plus mais qui existent encore tant on les a aimés. Mes premières lectures étaient peuplées d'îles : celle de Robinson bien sûr et de son fidèle Vendredi et puis celles de mes pirates préférés, l'île de la Tortue et toutes les autres dans les Caraïbes des corsaires et de la flibuste. J'y trouvais toujours avec bonheur des naufragés, des cartes en forme de rébus, des trésors fabuleux, des pavillons noirs et des aventuriers à jambe de bois à la façon du capitaine malouin Le Golif, dit Borgnefesse, dont j'avais lu autrefois les Mémoires avec émerveillement. Est-ce leur isolement qui fait d'elles les lieux aimantés des destinées humaines ?

Le rocher de Montecristo, au large des côtes italiennes, aura toujours des airs de longue vengeance et Cyrus Smith n'aurait jamais été aussi intelligent sans son île mystérieuse. Napoléon naît et meurt dans une île. C'est d'une autre île, Elbe, qu'il prépare le « vol de l'Aigle » et commence l'aventure des Cent Jours dont Hugo disait que rien dans l'Histoire n'avait ressemblé à ce quart d'heure. C'est enfin de la petite île d'Aix, au large de Rochefort, qu'il quitte la France pour ne plus jamais y revenir. Les îles ont toutes leurs énigmes et leurs légendes, au point qu'on finirait presque par leur donner à chacune un caractère et une personnalité propres. L'île du Nègre d'Agatha Christie, c'est le meurtre ; Cabrera au large de l'Espagne, c'est la défaite et la déportation des soldats de Napoléon battus pour la première fois à Bailén en 1808. Et tant d'autres avec elle : les Comores, la Nouvelle-Calédonie, l'île du Diable.

Notre pays n'a jamais été avare d'exils politiques ou judiciaires. Le Mont-Saint-Michel transformé en centrale pénitentiaire entre le Premier et le Second Empire appartient à cette longue lignée. Il était déjà un lieu de détention avant la Révolution. C'est là que Louis XVI avait envoyé, en 1787, certains de ses derniers opposants parlementaires avant de sombrer sous les coups du tiers état.

Mes premiers souvenirs du Mont ne sont pourtant pas ceux d'une prison, ni même ceux d'une île. Dans les années 1960, l'ancienne abbaye d'Aubert d'Avranches et de Richard de Normandie était entourée d'herbe et de moutons. C'était en novembre et nous étions là presque seuls avec mes parents. Je ne me rappelle pas avoir été sensible alors au passé monastique de l'endroit, mais plutôt à la lumière grise et plombée qui tombait de dessous les nuages, au silence, aux odeurs et à cette atmosphère de grève perdue qui dominait d'un bout à l'autre de la baie. Et puis le Mont, c'était aussi pour moi ce lacis extraordinaire de pierres, de remparts, de chemins de ronde, de tours et d'échauguettes. Le ciel immense, le guet, l'ennemi qu'on aperçoit de loin, Tombelaine, une vocation surveillante. Plus tard, en lisant *Le Rivage des Syrtes*, j'ai pensé à cette première visite au Mont-Saint-Michel, et à l'impression mélangée que j'en avais conservée de forteresse inexpugnable et de réduit chevaleresque. Je ne savais pas encore à l'époque qu'une communauté religieuse s'y était réinstallée après six siècles de présence bénédictine. Cela est venu plus tard lorsque je me suis intéressé à la figure de saint Michel à travers la biographie d'une sculptrice légitimiste, amazone et un peu folle, Félicie de Fauveau, qui avait fait de ce dernier l'archange de ses désirs et de ses consolations tout en inventant ce qu'on appellera plus tard le néogothique. Elle a eu droit récemment à sa rétrospective au musée d'Orsay. Sa *Lampe de saint Michel* en bronze polychrome et pierres précieuses est un objet extraordinaire, mystérieux, féodal, quasi onirique, qui vaut d'être vu. L'archange, appuyé sur son épée, le regard tendu, entouré de sa « bannière », veille le feu sacré de la Résurrection figuré à ses pieds par une vasque, sous une guérite en *cathedra*. J'aime moins le saint Michel empathique d'Emmanuel Frémiet, récemment redoré et replacé en haut de ses presque 160 mètres au sommet du Mont. Pourtant, la simple idée de sa présence me plaît.

On sait que le culte de saint Michel est venu des Pouilles byzantines où il serait apparu au Ve siècle sur le mont Gargan. Michel était alors l'introducteur des âmes dans l'autre vie, celui qui tient la balance de la justice de Dieu, entre l'éternité bienheureuse des justes et celle, infernale, des coupables, entre les âmes pures et les âmes grises. On le sait moins, par contre, c'est le Mont-Saint-Michel et la résistance victorieuse de ses occupants aux conquérants anglais pendant la guerre de Cent Ans qui vont faire de lui, au XIVe siècle, un ange guerrier, habillé d'une armure, terrassant le dragon. Et plus tard le saint protecteur du royaume de France. « Vaillant, veillant. Veillant, vaillant », criait-on au Moyen Âge. Les métamorphoses ont leurs lieux et ces lieux ont une histoire. L'eau entoure à nouveau le Mont, mais qui se souvient encore des treize longs siècles de résistance de ce rocher héraldique posé tout droit sur la mer ? Le temps, comme nos démons, change si souvent de visage !

La République, le pardon et l'oubli

Je m'en voudrais de revenir sur le petit tremblement politique qui a perturbé la campagne municipale de Paris au début de l'année 2020, mais tout de même. Souvenez-vous du pauvre Benjamin Griveaux, le candidat présidentiel démissionnaire, des images et du scandale. On aurait cru une suite au sulfureux *Sexe, Mensonges et Vidéo* de Steven Soderbergh, comme si le film était sorti hier, et pas en 1989. On se souvient de l'histoire : quatre personnages, deux hommes, deux femmes, à la façon de *La Double Inconstance* de Marivaux, des images, des secrets, des frustrations et une fin en forme de rédemption qui réunit contre toute attente les deux personnages principaux du film : Ann jouée par l'excellente Andie MacDowell et Graham Dalton (James Spader) dans le rôle du pervers impuissant.

Nous y sommes. Ce film est un conte et comme tel il n'a pas d'âge, du moins dans les limites de nos sociétés occidentales, peu bienveillantes et parfois schizophrènes. Malraux aurait pu écrire le scénario. On se souvient de sa désespérante assertion, à la fin des *Noyers de l'Altenburg* : « Pour l'essentiel, l'homme est ce qu'il cache, un misérable petit tas de secrets. » Misérable, je ne sais pas, mais je lui concède le secret. Je ne vois pas comment nous pourrions vivre sans cette part de silence qui nous habite, et tout autant n'importe quelle organisation sociale ou n'importe quel gouvernement. La sincérité absolue conduit tout droit à la folie. Elle n'est, après tout, qu'une question d'éclairage et nous sommes tous plus ou moins les gardiens de notre propre phare. Cela vaut pour les hommes comme pour l'Histoire. La lumière, la température, le fond de l'air changent à mesure, et ce que nous croyions vrai la veille ne l'est plus le lendemain. Ces variations-là devraient nous rendre sourds aux leçons de morale qu'on nous assène ces temps-ci à coups de certitudes, comme le ferait la Pythie.

La morale est variable aussi bien que l'Euripe. On le sait, l'Euripe est un détroit de la Grèce réputé pour ses courants contraires. Elle a longtemps été une affaire de conscience personnelle, et puis elle s'est mise à tout envahir. Elle est entrée en politique sous la Révolution, comme la transparence et l'opinion – ce que Jürgen Habermas appelle « l'espace public du politique ». Si Robespierre émerge au point d'avoir quasiment « tenu » la République pendant deux ans, c'est qu'il est l'un des rares à n'avoir fait aucune différence, au nom de la vertu, entre l'action publique des hommes et leur vie privée. Il n'y avait pas de « ligne rouge », comme je l'ai entendu dire récemment par un journaliste inspiré. Et sous la Révolution on sait que, l'obsession égalitaire aidant, cette ligne-là séparait aussi le riche du pauvre. Souvenons-nous de ce que dit Fouché, le futur ministre de la Police de Napoléon, alors qu'il est envoyé en mission à Nevers en 1793 : « On rougit ici d'être riche et l'on s'honore d'être pauvre. »

La Terreur a peut-être été au bout de ces folies-là. La régénération ne devait pas seulement toucher les choses, les institutions, les systèmes, mais les citoyens eux-mêmes, dans leurs vieilles croyances et jusque dans leurs rêves. Pour la première fois aussi, on a voulu chasser le mal de la société au nom du bonheur des peuples, jusqu'à identifier ce dernier à ses seuls ennemis : aristocrates, riches, émigrés, suspects, traîtres, étrangers, et j'en oublie.

On n'a pas assez réfléchi au fait qu'en délaissant la vieille notion chrétienne de péché et, avec elle, du pardon et de l'oubli, la République s'est engagée dans une sorte de course-poursuite sans fin contre le mal dont elle n'a jamais su très bien quoi faire et dont elle ne parvient décidément pas à se débarrasser. Tout son arsenal pénal n'y suffit pas. On aura beau alourdir les peines de prison, allonger les délais de prescription pour tel ou tel crime, on en restera toujours au même point. Je sais bien que le pardon pour être efficace suppose que celui à qui l'on pardonne en ait accepté les voies par la réparation sinon par le repentir. Sans cela, le pardon serait à l'oubli ce que les mauvais rêves persistants sont au sommeil. Il y a là quelque chose du toucher des écrouelles. On guérit rarement d'une maladie pour l'avoir ignorée ou niée. Encore faut-il aussi que la République ne nous prenne pas pour d'incurables malades. On parle ces temps-ci de garder certains djihadistes en prison alors même qu'ils ont purgé leur peine, ou de leur imposer le bracelet électronique pour le restant de leurs jours.

Nos héritages sont parfois invisibles et les plus encombrants ne sont pas toujours ceux que l'on croit. À l'évidence, cette question du mal en est un et il nous vient tout droit de 1789, lorsque les députés du tiers état inventèrent la nation et, avec elle, une nouvelle sacralité. Certes, on ne le comprenait pas plus avant qu'après, mais depuis il semble que l'on soit incapable de l'accepter. Les nouvelles intolérances de nos modernes sociétés sont là, au risque, parfois, de compromettre nos libertés. C'est au nom de ce combat que nous demandons toujours plus de transparence, de surveillance et de morale comme autant de nouveaux dogmes, et il n'y a aucune raison pour que nous ne franchissions pas de nouveau cette fameuse « ligne rouge » entre ce qui relève de la vie publique et de nos vies privées. Nous ne sommes plus seulement les sentinelles de la nation, nous en sommes les voyeurs.

Nos démocraties essoufflées, mal protégées des nouveaux pouvoirs théocratiques, de plus en plus interrogées et malmenées par les réseaux sociaux, sont en crise. Certes, cette crise-ci ressemble peu à celles qui nous ont précédés, mais elle est tout aussi grave. Nous avons oublié que si, depuis deux cents ans, nous sommes arrivés à résoudre certains de nos conflits, c'est par les voies difficiles et délicates de l'oubli. L'amnistie nous a longtemps tenu lieu d'absolution. C'était même sous le Consulat et l'Empire le fond de la politique de Napoléon à l'égard des émigrés et encore, en 1814, celle de Louis XVIII, un quart de siècle après la Révolution, vis-à-vis de ceux qui l'avaient faite. Encore fallait-il remplir certaines conditions. On n'était amnistié que si l'on prêtait serment au nouveau régime. L'oubli moderne résulte bien d'un compromis. Ce sera à nouveau tout le programme de la IVe République, après Vichy. La réconciliation de notre pays avec lui-même est à ce prix. L'ex-régicide Fouché, devenu ministre de la Police, évoquait à ce propos, en 1802, les « intentions sages du gouvernement ». On devrait l'imiter. Je ne vois pas d'autre alternative au risque de notre mise en surveillance générale et indéfinie.

Nos cousins italiens

Les Alpes nous séparent, mais après tout Hannibal les a franchies avec ses éléphants et Bonaparte caracole pour l'éternité au col du Grand-Saint-Bernard. Nous sommes plus que des cousins germains, presque des frères de lait. Nous avons été nourris à la même mamelle romaine. César a mis huit ans à nous soumettre, certes, mais depuis longtemps les marchands italiens avaient ouvert la voie aux généraux. Nous nous sommes si bien entendus que cela a duré cinq siècles. Avec le latin, les Romains nous ont apporté le vin, les routes, les ponts, le théâtre et les bains, leurs architectes et même leurs dieux. On ne peut pas en dire autant des Normands lorsqu'ils débarquèrent dans le sud de l'Italie au XIe siècle.

Foin de conquête, nous nous sommes séduits et cela dure encore. Les guerres d'Italie n'ont été que des querelles de famille entre la maison d'Aragon et celle d'Anjou. Ce qui en reste, ce n'est pas Pavie, ni même Marignan, c'est Chambord et Fontainebleau, le

Primatice et le Bernin. Ce n'est pas contre les Italiens que Bonaparte s'est battu à Arcole et à Marengo, mais contre les Autrichiens. C'étaient eux, les envahisseurs. Je sais bien que nous avons toujours eu le chic de nous faire passer pour des libérateurs, histoire de mieux faire oublier nos pillages et nos rapines, mais enfin ce sont bien des Français qui ont donné leur unité aux Italiens sur les champs de bataille de Magenta et de Solferino. Cela n'aura coûté au roi de Sardaigne que Nice et la Savoie. Une broutille.

Au fond, la seule vraie blessure entre nous est plus récente et date de la Seconde Guerre mondiale. Je me souviens encore de ma mère, dont les ancêtres étaient italiens, si triste lorsqu'elle évoquait l'entrée en guerre de l'Italie contre la France le 10 juin 1940, alors que nous étions déjà envahis, alors que nous étions à terre. Un véritable coup de poignard dans le dos. Mais même ce méchant coup-là a trouvé ses excuses. Ce n'étaient pas les Italiens. C'était Mussolini ! Ce qui reste de tout cela, ce ne sont pas les batailles et les morts, les envahissements et les conquêtes, c'est l'étoffe dont sont faits nos rêves. C'est Joachim du Bellay à Rome, c'est le président de Brosses à Venise, c'est l'abbé de Saint-Non, Hubert Robert et Fragonard à Naples, les ruines, la beauté et la nostalgie. Nous portons tous en bandoulière le cœur chaviré de notre premier voyage en Italie. Comme Stendhal, nous aussi nous sommes partis un jour à « la chasse au bonheur ».

Jean Giono, lorsqu'il arrive à Brescia en 1951, passe toute une matinée, émerveillé, à discuter avec deux jeunes employées d'un restaurant du Corso Zanardelli des mille façons de faire du café. « Est-il besoin de dire que je ne suis pas venu ici pour connaître l'Italie, mais pour être heureux ? » Angelo, le héros du *Hussard sur le toit*, est né en Italie. Fabrice Del Dongo aussi. L'arrivée dans la péninsule par le nord, par les montagnes, en a bouleversé plus d'un. Stendhal, qui entre dans Milan en juin 1800, jeune lieutenant de l'armée française, à cheval, deux pistolets dans ses fontes, s'en souviendra encore trente-six ans plus tard. « Cette ville devint pour moi le plus beau lieu de la terre. » Il avait raison. L'architecture, les femmes, la Scala, les passions, tout lui plaît. En France, dit-il, les femmes se regardent entre elles. En Italie, elles regardent les hommes.

« Apprivoise-moi », disait le renard au Petit Prince. C'est à cela que les Italiens nous ont convertis, plus encore qu'à la beauté, au plaisir et à la grâce du presque rien, à tout ce qui fait le goût et la saveur de nos vies les plus banales, quand soudain un détail nous enchante. Il en faudrait beaucoup plus que les quelques récentes « déclarations outrancières » d'un Luigi Di Maio ou d'un Matteo Salvini pour nous brouiller, et à l'évidence l'Italie n'est pas brutalement redevenue fasciste comme elle l'était dans les années 1930. Les Italiens nous doivent peut-être un peu, nous leur devons infiniment plus. Cela tient à l'air qu'ils respirent, à leur facilité d'être avec les autres, au besoin qu'ils ont de vous rendre heureux, au phrasé et au son de leurs voix. Sans eux, nous ne serions pas tout à fait ce que nous sommes. Cela n'a pas d'âge. C'est peut-être cela, la civilisation.

Qui sont les traîtres ?
Voyez Talleyrand

Nous nous accusons trop souvent, au sein même de l'Union européenne, de trahison. C'était l'Angleterre, ce sont maintenant les pays de l'ancien bloc de l'Est, c'est régulièrement l'Allemagne à l'égard de la France et réciproquement, c'est l'Europe du Nord contre celle du Sud. Peut-être pourrions-nous raisonner en termes de complémentarité au lieu de nous chercher sans cesse querelle. Au fond, cela ne marche pas si mal, ces temps-ci, vis-à-vis de certaines puissances hostiles. Aux uns la carotte, aux autres le bâton. Il est certains personnages de notre histoire qui nous montrent encore aujourd'hui ce que ce jeu-là comporte tout à la fois de subtilité et d'incompréhension. Voyez Talleyrand.

« Sire, la trahison est une question de date ! » Voilà comment le prince des diplomates défendait le roi de Saxe accusé par Alexandre Ier de Russie d'avoir trahi la coalition européenne en restant trop longtemps fidèle à Napoléon. C'était au congrès de Vienne en 1814. Et en effet, à ce compte-là, presque toutes les puissances ont trahi la cause européenne en s'alliant à un moment ou à un autre avec « l'ogre ». Non seulement on est toujours le traître de quelqu'un mais bien souvent les traîtres d'hier ne le sont plus le lendemain. Le maréchal Ney, après avoir été fusillé en décembre 1815 pour n'avoir pas enfermé Napoléon dans une cage de fer comme il l'avait promis et pour s'être jeté dans ses bras, est devenu un demi-siècle plus tard le héros malheureux de circonstances insurmontables.

Le prince de Talleyrand fait exception à cette règle par la prégnance de sa légende noire. L'homme aux treize serments, sans parler de celui qu'il a prêté à Dieu comme prêtre et évêque, l'homme qui a servi pendant soixante ans tous les régimes qui se sont succédé en France, depuis Louis XVI jusqu'à Louis-Philippe en passant par la Révolution et Napoléon, restera pour longtemps encore « l'image scintillante du mal ».

Après avoir trahi à peu près tout le monde – Dieu, son roi, la République, Napoléon –, il s'en ira mourir riche mais couvert de toutes les lèpres et unanimement méprisé. On se souvient des sarcasmes de Chateaubriand, en 1838, peu après sa mort : « La foule a bayé, à l'heure suprême de ce prince aux trois quarts pourri […]. Les hommes de plaies ressemblent aux carcasses des prostituées. »

Talleyrand le disait lui-même dès le début de la Révolution : « Je jouis des honneurs de l'exagération. »

C'est que cet homme, « divers, multiple, successif », a traversé son époque en bas de soie et perruque poudrée, et que celle-ci ne lui ressemblait pas. La Révolution a été manichéenne. Elle a introduit en France une culture de l'affrontement qui connaît encore de beaux jours. Au nom de la souveraineté du peuple et de l'indivisibilité de la nation, il ne pouvait pas y avoir d'adversaires ni d'opposition, mais seulement des ennemis et des traîtres. La trahison, réelle ou fantasmée, sera même l'un des moteurs de la Révolution. Souvenons-nous du mot de Brissot à la tribune des Jacobins en décembre 1791 : « Je l'avouerai, messieurs, je n'ai qu'une crainte, c'est que nous ne soyons pas trahis. Nous avons besoin de grandes trahisons. »

Dans ce contexte politique et psychologique, Talleyrand est le traître tout trouvé. Le clergé ne pardonnera jamais à celui qui avait été l'un de ses meilleurs élèves d'avoir proposé la vente de ses biens pour résoudre la crise financière de l'État. En 1792, on le traite déjà de « diable boiteux ». L'expression n'a évidemment pas été inventée par Sacha Guitry. On n'a pas compris que, toute sa vie, Talleyrand a essayé de faire en sorte que la machine de l'État verse le plus doucement possible. On n'a pas compris non plus qu'il a œuvré pour sa grandeur une fois passées les crises, mais avec des méthodes et un état d'esprit hérités de l'Ancien Régime, parfaitement étrangers aux hommes du XIXe siècle et, ce faisant, du XXe siècle. La modération, le compromis, la négociation en lieu et place de l'affrontement, la temporisation et, au bout du compte, si cela se révèle vraiment nécessaire, le double jeu.

Talleyrand ne l'a pas pratiqué par plaisir, mais au nom d'une vision politique qui était déjà la sienne en 1789 et à laquelle il restera étrangement fidèle tout au long de sa vie : un gouvernement mixte doté d'une représentation nationale, la paix, l'expression des libertés, une Europe équilibrée. Voilà pourquoi il abandonne la République à ses excès en 1792. Voilà pourquoi il négocie en sous-main avec toutes les cours européennes dans les dernières années de l'Empire. Voilà ce qui explique le jeu ébouriffant qu'il mène en 1808 au congrès d'Erfurt lorsqu'il dissuade Alexandre de maintenir son alliance avec la France alors qu'il dit le contraire à Napoléon. On criera une fois de plus à la trahison sans comprendre que personne en Europe ne l'aurait écouté s'il n'était pas resté au cœur du pouvoir impérial.

Sa crédibilité, la paix presque miraculeuse qu'il obtient en 1814 après la chute de Napoléon auront été à ce prix. Les régimes qu'il a successivement servis l'ont été dans la mesure exacte où ceux-ci ne s'écartaient pas trop de la voie raisonnable et sage qu'il s'était tracée. Sinon, tant pis pour eux. En homme d'esprit qu'il a été merveilleusement, il avait un mot pour expliquer cela : « Je porte malheur aux gouvernements qui me négligent. » C'est peut-être son esprit qui l'a tué. En général, on n'aime pas les hommes qui préfèrent les paradoxes aux préjugés. On lui souhaite pourtant des successeurs et on aimerait les voir venir.

Virus

Je ne voudrais pas pécher par excès d'optimisme, mais il est probable que, lorsque vous lirez ces lignes, l'épidémie de coronavirus qui nous a tout de même sérieusement perturbés sera en partie contenue, sinon derrière nous. Je suis frappé de ce que nos sociétés libérales portent en elles, par leurs excès mêmes, les raisons de leur négation. Nous pensions que les mesures contraignantes – le confinement, les masques, la fermeture des frontières, la privation de circulation – étaient réservées aux régimes autoritaires et nous nous apercevons que nous sommes capables d'en faire à peu près autant sans que cela révolte personne. Tout du moins, jusqu'à nouvel ordre.

La mondialisation, la vitesse, l'individualisme sont passés par là. La place de la mort aussi, dont on ne veut plus entendre parler et qu'on a rangée avec les vieux au magasin des oubliettes. On pourrait dire tant de choses de nos sociétés libérales – la comptabilité administrative, le principe de précaution, la surveillance généralisée, le terrorisme moral d'une certaine élite, la suspicion et l'intolérance –, qu'on finirait par se demander en se frottant les yeux comme on se réveillerait d'un mauvais rêve si nous en sommes les victimes ou si nous ne l'avons pas un peu mérité par nos renoncements successifs. Mais qui serait prêt à l'avouer ? Nous nous estimons trop pour nous souvenir de la dignité des autres.

Si nous avons gagné quelque chose à ce qu'on appelle un peu vite le progrès, en deux cents ans de conquêtes techniques et scientifiques de toutes sortes, ce n'est pas du côté de l'esprit qu'il faut le chercher, mais de celui de la nature. Juvénal n'a qu'à moitié raison. *Mens sana in corpore sano*. Pour l'esprit, je ne sais pas, mais pour le corps, ça s'améliore.

Nous voilà revenus à notre coronavirus. Personne ne s'en réjouit évidemment, et j'écris ceci en pleine épidémie sans en connaître le terme, mais nous n'en sommes tout de même plus au temps de la peste noire, du choléra et même de la grippe espagnole de 1918.

Entre-temps, nous avons eu Semmelweis, Pasteur, l'asepsie, l'antisepsie et les vaccins. On ne se lavait pas les mains à l'époque de la peste noire ! Elle aussi nous venait d'Asie. On s'imaginait qu'elle courait sous la forme d'une vapeur de feu en répandant une odeur infecte. On ne pensait pas aux puces, on croyait en la corruption de l'air et on n'avait pas d'autre recours que de s'en remettre à la Providence. Nos épidémiologistes seraient bien étonnés de lire ce qu'écrivaient les savants docteurs de la faculté de médecine de Paris en 1350 : « Nous ne voulons pas manquer de dire que, lorsque l'épidémie procède de la volonté divine, nous n'avons alors d'autres conseils à donner que celui de recourir humblement à cette volonté même, sans négliger toutefois les prescriptions des médecins... » C'est la dernière phrase qui est la plus savoureuse. À l'époque, la saignée, évidemment, n'arrangeait pas le patient. Pour le reste, on comptait sur saint Sébastien.

Ô sire saint Sébastien
Que cesse la pestilence
Qui de lieu en lieu recommence.

En cinq ans, entre 1348 et 1352, la peste bubonique emporte près de la moitié de la population de notre actuelle Europe occidentale, environ 25 millions d'habitants. Froissart prétend que « la tierce partie du monde mourut ». Et cela se poursuivra pendant des siècles avec des pics (1368-1370, 1373-1375, 1380, 1400, et encore en 1629, en 1660) qui à chaque fois trouvent leur explication dans ce cocktail explosif que sont la pauvreté, la malnutrition et la guerre. On aura beau inventer la quarantaine et déjà ce fameux confinement dont on nous parle tous les jours, la peste tue encore au XVIIIe siècle. Elle débarque de Syrie sur le *Grand Saint Antoine* à Marseille en 1720 et fait

40 000 morts, soit la moitié de la population de la ville. Si elle disparaît en partie à la fin du XVIIIe siècle, on n'en continue pas moins de vivre avec la mort. Cela explique peut-être l'extraordinaire courage de la plupart de ceux qui sont montés sur l'échafaud sous la Terreur. Avant même l'invention de l'inoculation par Edward Jenner, la variole, qu'on appelait alors la « petite vérole », pouvait vous emporter d'un jour à l'autre. Louis XV y succombe en 1774 et il n'est pas une famille qui sous son règne n'ait été touchée par elle. L'introducteur des ambassadeurs du roi, le mémorialiste Dufort de Cheverny, note à ce propos, non sans humour, qu'à chaque fois qu'elle frappe, les médecins prennent le pouvoir. Le docteur Knock n'est jamais loin ! « Les médecins, dès que les princes sont malades, deviennent tout-puissants à raison du danger. » Au moins était-il lucide.

Et cela continue. Au siècle suivant, le choléra prend la place. Il emporte 20 000 Parisiens (sur 750 000) entre mars et octobre 1832 et parmi eux le président du Conseil des ministres de Louis-Philippe, Casimir Perier. Les plus riches avaient beau fuir et se réfugier à la campagne, ils mouraient aussi. Chateaubriand, qui était là, a laissé sur l'épidémie des pages hallucinées : « Au milieu du silence général, on entendait quelquefois une fenêtre s'ouvrir et un cadavre tomber. » Et *Le Septième Sceau* de Bergman, et *Le Hussard* de Jean Giono, et Jack London, et Ken Follett. Quand la mort approche, la littérature n'est jamais loin. Nous n'en sommes plus là, nos victimes sont moins nombreuses, et pourtant les épidémies sont aux hommes ce que l'Histoire est à la folie. La médecine n'y peut rien et la raison s'en fiche. On avait peur en 1348. On aura peur quand cela recommencera.

Une épidémie de mots

Nous ne manquons dans ce pays ni d'avis sages ni d'écrivains occupés de leurs mots et de leur style. Flaubert avait son « gueuloir » grâce auquel il mettait sa prose à l'épreuve de sa voix. Il le raconte dans une lettre à une amie, en 1876. « Je pousse ma besogne fort avant dans la nuit, les fenêtres ouvertes, en manches de chemise et gueulant, dans le silence du cabinet, comme un énergumène. » Alors qu'il écrivait *La Chartreuse de Parme*, Stendhal lisait tous les jours deux pages du Code civil. Il tenait les articles de Portalis et de Maleville pour des chefs-d'œuvre de logique, clairs, précis et rapides. Lisez les lois actuelles, vous y trouverez du changement. Le salmigondis technocratique – quand ce n'est pas l'inculture des technocrates – est omniprésent. Je rêverais que l'on mette *L'Art poétique* de Boileau à l'épreuve de l'ENA. Nous savons tous que « ce qui se conçoit bien s'énonce clairement ». Le moins connu et le plus savoureux est au début du premier chant : « Il est certains esprits dont les sombres pensées / Sont d'un nuage épais toujours embarrassées. » Avis aux amateurs. Le chevalier de Boufflers, le plus discret des poètes du XVIIIe siècle, que seule ma mère connaissait et qu'elle me lisait lorsque j'étais enfant, devrait nous servir de guide :

Il faut dire en deux mots
Ce qu'on veut dire ;
Les longs propos
Sont sots.
Il faut savoir lire,
Avant que d'écrire,
Et puis dire en deux mots
Ce qu'on veut dire.

Ces merveilles-là sont bien oubliées.

Certes, l'invasion des mots barbares n'a pas commencé avec la récente épidémie virale qui à l'évidence a changé nos vies, mais je constate que celle-ci n'a rien arrangé. Je passe sur les mots d'origine laborantine qui n'auraient pas déplu au docteur Diafoirus dans *Le Malade imaginaire* : « comorbidité », « asymptomatique », « gel hydroalcoolique », sans parler des « covidés » et des « clusters » – merci, messieurs les Anglais. Mais rendons aux médecins ce qu'on leur doit. Après tout, chaque milieu professionnel a son vocabulaire et les toubibs ne sont pas là pour écrire des romans.

Non, les perles rares nous sont venues comme toujours des bureaux de l'administration et des politiques, relayés bouche ouverte et yeux fermés par les médias. Il y a d'abord eu les « gestes barrières », la « distanciation sociale », puis les « attestations dérogatoires » et le « droit de retrait ». On sentait que les gars étaient encore sur la réserve, qu'ils n'osaient pas y aller à fond. Et puis, à un moment donné, ils se sont lâchés. Nous avons donc appris avec joie que, lorsque nous ne pouvions pas travailler « en distanciel », nous étions autorisés à nous voir « en présentiel sur site ». Chic. Et lorsque l'un de nos Premiers ministres de crise nous déclare solennellement que, cet été, « les plages ne rouvriront pas en statique », *Le Parisien* titre le lendemain : « Déconfinement. Comment les plages dynamiques vont changer nos vacances ! » On en rigole avant même de partir. Il n'a été question pendant deux mois que de « confinement », nous en sommes maintenant au « déconfinement », ce qui donne : « on est en confinement », « on se déconfine » et toutes sortes d'autres variantes intéressantes et poétiques avec le mot « con ». J'ai même entendu un journaliste hippique demander à un entraîneur : « Et votre pouliche, comment a-t-elle vécu le confinement ? » Mal, évidemment, elle a grossi ! Nous avons eu droit aussi à nos injonctions journalières : « Restez à la maison », « Lavez-vous les mains », « Respectez vos soignants » que les plus hautes autorités de l'État n'avaient pas honte de répéter *in persona*. Et, pire encore, cette façon d'user sans cesse de la première personne du pluriel par bonne conscience solidaire : « nos soignants », « nos anciens », comme si les vieux n'étaient pas tous cloîtrés dans des Ehpad ! Et puis tous les Français âgés ne nous appartiennent pas personnellement. Quelquefois, mais rarement, on tombe sur des formules plus littéraires : « Le pire est à venir », et surtout : « Le virus circule à bas bruit » qui m'enchante. Cela me fait penser aux affiches de 1940 contre la Cinquième Colonne : « Silence, l'ennemi guette vos confidences », « Taisez-vous ! méfiez-vous ! Les oreilles ennemies vous écoutent ». Avec ça, vous êtes prévenus, nous sommes en guerre. Bref, lavez-vous les mains de toute cette bouillie pour les chats si vous le voulez. Mais franchement, si vous n'avez pas envie de vomir, c'est que vous êtes contaminés.

C'est la rentrée !

Nous avons tous des souvenirs de rentrée des classes. Elles ont pour moi, à ma génération, un goût de poussière et de feuilles mortes, de blouses, de cartes et d'encre bleue. La première dictée, la première rédaction où l'on devait inévitablement « raconter ses vacances ». Je m'étais lancé, l'une de ces années-là, dans le récit d'une improbable chasse aux moustiques et cela avait un peu surpris. Il n'y avait plus de « maître » ni de poêle à bois dans les classes, mais on en était encore, dans les années 1960, à *La Guerre des boutons*, le merveilleux film d'Yves Robert sorti en 1962, aux photos de Doisneau, au Petit Nicolas et aux poèmes de René-Guy Cadou tout imprégnés de l'école de son père à Sainte-Reine-de-Bretagne dans la Brière :

Odeur des pluies de mon enfance
Derniers soleils de la saison !
À sept ans comme il faisait bon,
Après d'ennuyeuses vacances,
Se retrouver dans sa maison !

Ces temps ne sont plus, comme dirait Guillaume Apollinaire. Je me demande tout de même si les enfants de Jules Ferry et de l'école gratuite, laïque et obligatoire étaient si contents que cela de leur première rentrée scolaire, en septembre 1881. Les écoles étaient toutes neuves alors. La mairie au milieu, l'aile des garçons à droite, celle des filles à gauche, la cour de récréation, le préau et l'inévitable marronnier jauni par l'été. Les « hussards noirs » avaient du bon, pourtant. La République était encore jeune. On apprenait à aimer son pays, on parlait de sa grandeur et personne ne vous empêchait de penser le contraire. Les rentrées d'aujourd'hui n'ont plus tout à fait le même parfum. Virus oblige, le ministère s'y est préparé en 2020 comme on dresserait un plan de bataille à coups de « circulaires » et de « protocoles sanitaires ». Après tout, ils sont 6 600 000 à prendre chaque année le chemin de l'école, rien que dans le premier degré. L'exercice délicat du confinement est passé par là.

Notre ministre de l'Éducation, Jean-Michel Blanquer, a des airs de général en chef obsédé par le vertige de la défaite et du déclassement. Il n'est plus question que de plans « ultra-volontaristes » contre le décrochage scolaire, d'« aides personnalisées » et d'« évaluations » obligatoires. La rentrée sera « la plus normale possible » nous a promis notre président. Il n'empêche.

Tout cela est un peu anxiogène. J'aimerais tant qu'on nous parle d'autre chose, qu'on nous vante les mérites et le dévouement de nos enseignants ! Nous avons la chance immense de vivre dans une démocratie et nous l'avons presque oublié. Au lieu de nous renvoyer à longueur de journée aux gestes barrières, au lavage des mains et au port des maques, le ministre devrait nous dire ceci : notre enseignement a peut-être ses faiblesses, mais il reste l'un des plus riches, des plus libres et des plus variés au monde grâce aux options, aux filières, aux langues vivantes et régionales dont le nombre et l'apprentissage ne cessent de s'étoffer.

Nous avons toujours eu en France des problèmes de paille et de poutre. À force de nous plaindre, nous avons fini par ne plus rien voir et surtout par ne plus rien entendre. Nous devrions écouter un peu plus et un peu mieux le silence des dictatures qui nous entourent. Cela ne nous rendra sans doute pas plus heureux, mais certainement plus lucides. Après tout, *Mein Kampf* était au programme de la rentrée scolaire des enfants d'Alsace-Moselle en septembre 1940. À quoi ressemble donc celle des enfants chinois, ceux de Hong Kong et des « écoles ensoleillées » du Xinjiang ? Les orphelinats d'État, les internements forcés d'enfants dont les parents croupissent dans des camps ou ont disparu, la propagande par haut-parleurs, les barbelés, les postes de police dans les cours de récréation. L'« éducation patriotique » et les dénonciations forcées. « Étudie dur pour réaliser le rêve de la renaissance de la grande nation chinoise. » Pauvres enfants ouïghours ! Et pourtant, pendant le génocide, les affaires continuent. Le *New York Times* et quelques networks courageux comme Brut ne nous excuseront jamais de notre indifférence. Si nous parlions un peu plus de ces enfants-là et de tant d'autres, si nous l'osions tout simplement, peut-être nous sentirions-nous plus libres. L'Histoire bafouille. Tôt ou tard, elle nous jugera. Décidément, l'enfer n'est jamais loin du paradis.

Un roi sans divertissement

On ne demande désormais plus aux rois comment ils ont régné, mais comment ils ont fui. En quittant discrètement Madrid pour Abou Dhabi, le 3 août 2020, l'enfant terrible des monarchies européennes, l'ancien roi d'Espagne Juan Carlos, qui n'en est pourtant pas à son premier coup d'éclat, est venu rejoindre la triste cohorte des souverains en exil. Aucune révolution ne l'y obligeait pourtant, sinon l'avenir de son fils le roi régnant Felipe VI, les risques d'un scandale d'État et des soupçons persistants d'argent caché. Les pots-de-vin et autres trafics d'influence ne sont pas l'apanage des républiques. Les princes aussi y succombent. Sous l'Ancien Régime, on leur pardonnait beaucoup, on avait du mal à faire la différence entre l'argent public et les fortunes privées. Les « douceurs diplomatiques » et autres petits arrangements à la Talleyrand étaient monnaie courante. Aujourd'hui, tout a changé. On a mis la morale et la vertu au cœur du pouvoir légitime et on veut que les rois marchent droit. Et qu'ils nous ressemblent. La récente série à succès *The Crown* consacrée à la famille royale d'Angleterre en témoigne assez. Notre obsession du pouvoir, de très puissants mécanismes d'identification qui font des têtes couronnées des citoyens ordinaires ont tout emporté et avec eux les 100 millions que l'on prête à Juan Carlos, généreusement accordés par le régime saoudien à l'occasion de la construction, en 2008, du « train du désert », la ligne à grande vitesse qui relie Riyad à Médine. Et dans la coulisse : des comptes en Suisse, une ex-maîtresse peu discrète et 65 millions de cadeaux d'adieu. Un geste royal ! Aujourd'hui, on ne rit plus guère des vaudevilles qu'au théâtre. Faut-il qu'un vieil homme de quatre-vingt-deux ans s'en souvienne à ses dépens ?

D'aucuns regretteront peut-être le roi d'autrefois, celui de la transition démocratique des années 1970, celui du discours du 24 février 1981 surtout, qui avait mis fin au coup d'État militaire du lieutenant-colonel Antonio Tejero. Souvenez-vous. Tejero, c'était cet officier au drôle de petit chapeau qui menaçait les députés de son pistolet du haut de la tribune des Cortès en pleine crise politique, sur fond de démission du gouvernement d'Adolfo Suárez. Il était beau, ce discours, et Juan Carlos ne bégayait pas. « La couronne, symbole de la permanence et de l'unité de la patrie », renvoyait ce jour-là les conspirateurs et autres briseurs de Constitution aux oubliettes de l'Histoire.

Franco, qui avait fait du petit-fils d'Alphonse XIII, pourtant chassé par la République espagnole en 1931, un héritier et un roi, mourait pour la deuxième fois, définitivement. Mais, après quarante ans de règne et une abdication (en 2014, en faveur de son fils), le vieux monarque « émérite » est nu, terrassé par son inconstance et sa cupidité. Peut-être, au fond, avait-il fini par s'ennuyer d'être roi. Les démocraties veulent bien qu'on les sauve. Elles ne tolèrent plus les écarts.

On devrait s'en souvenir pourtant. Les Bourbons n'ont jamais aimé être pris au dépourvu. C'est de famille. En mars 1815, au retour de Napoléon, Louis XVIII n'avait pas oublié ses errances à travers l'Allemagne, sous la Révolution, alors que les armées de la République battaient celles des rois. Il était alors si démuni qu'il avait été obligé de vendre les derniers diamants de sa nièce. Cette fois, on ne l'y reprendrait plus. Deux jours avant de fuir pour Lille et Gand, il avait fait expédier à Bruxelles, par chariots entiers, les barils d'or des réserves des Tuileries, maquillés en corbillards et recouverts d'un voile noir. On n'est jamais assez prudent ! C'est cet or-là qui servira à son frère cadet Charles X chassé par les barricades de juillet 1830. Qui ne se souvient à ce propos de Chateaubriand, des pages inoubliables de ses *Mémoires d'outre-tombe* et de cette « royauté de Reims se retir[ant], à pas mesurés, au milieu de ses aumôniers et de ses gardes », jusqu'à Cherbourg et l'Angleterre ? Les révolutions se suivent et ne se ressemblent pas. Dix-huit ans plus tard, en février 1848, ce sont les cousins Orléans qui en font autant. Cette fois, il n'est même plus question de gardes ni d'aumôniers.

Louis-Philippe, terrorisé à l'idée de se faire arrêter comme son oncle Louis XVI à Varennes, voyage sous un faux nom, déguisé en bourgeois, un bonnet sur la tête, dans une berline conduite par un fermier, trois sacs d'argent dissimulés sous ses pieds.

Décidément, les Bourbons s'en vont de plus en plus tristement. Le dernier d'entre eux vient d'en donner le spectacle. Aujourd'hui, les rois ne se soucient même plus de la dignité de leur couronne. Ils prennent des avions et s'en vont dîner dans des palaces, du côté des pétromonarchies. Sale temps pour leurs héritiers !

Rêverie dans une librairie

Nous avons eu Truffaut et *Le Dernier Métro*. Nous aurons peut-être un jour *La Dernière Librairie* comme le faire-part nostalgique d'une mort annoncée. Les deux fermetures de nos librairies, celle de mars puis celle d'octobre 2020, ont été tragiques, sans parler de celles des cinémas et des théâtres. Les pandémies ont beau jeu de nous contrarier. Nos hommes politiques sont un peu comme les adultes du *Petit Prince* de Saint-Exupéry qui ne voient rien d'autres qu'un chapeau lorsqu'on leur montre le dessin d'un serpent boa en train de digérer un éléphant. « Les grandes personnes ne comprennent jamais rien toutes seules, et c'est fatigant, pour les enfants, de toujours et toujours leur donner des explications. » Ils ne savent pas que ce qui est essentiel est invisible. Que la lecture ne se mesure pas, ne se calcule pas, que les rêves n'entrent dans aucun schéma sanitaire de vie ou de mort.

J'ai vu récemment sur les réseaux une vidéo drolatique qui met en scène un libraire contraint de vendre ses livres entre deux cageots de légumes. De quoi se nourrit-on le mieux, de choux ou de littérature ? Je me souviens de mon extrême émotion lorsque, autrefois, j'entrais dans la librairie José Corti, rue de Médicis, en face du jardin du Luxembourg. Les livres publiés par Corti n'étaient pas comme les autres. Il fallait en ouvrir les pages à l'aide d'un coupe-papier en une sorte de rite occulte et mystérieux, avant de les lire. Corti, à l'enseigne de La Rose des vents, avait pour moi le parfum de liberté des livres de Gracq, son auteur fétiche. Tout y était beau : la façade brune de sa boutique, l'entassement désordonné des rayonnages et jusqu'à la devise de la maison : *Rien de commun*. Un peu plus loin, à la librairie des Presses universitaires de France, à l'angle du boulevard Saint-Michel, en face de la Sorbonne, j'étais tombé un jour, par hasard, sur le *Guillaume le Maréchal* de Georges Duby. C'est ce livre-là qui m'a fait aimer l'histoire. Je poussais la porte d'une librairie comme d'autres seraient entrés dans une chapelle. C'était pour moi un acte de foi et presque une communion. Ce l'est encore aujourd'hui.

On trouve toujours un libraire au cœur des événements qui depuis deux cents ans ont bousculé notre histoire et nous ont bon an mal an appris à grandir. La Révolution française est née sous des arcades de bois, dans les boutiques des imprimeurs-libraires du Palais-Royal. Chez Victor Desenne, chez Michel Webert, tous les deux réputés pour leurs catalogues d'ouvrages séditieux. L'*Encyclopédie*, Rousseau, les Lumières sont passés chez eux. On peut presque mesurer nos libertés à leurs destins particuliers. Desenne en prison, Webert guillotiné sous la Terreur, et c'en est fini de la promesse de 1789. On ne peut imaginer le nombre de pamphlets qu'ils ont édités, sans parler des gravures licencieuses ou satiriques. J'ai dans ma bibliothèque une précieuse brochure d'Anacharsis Cloots, « l'orateur du genre humain », publié « chez Desenne, libraire, au Palais-Royal, l'an deux de la rédemption » !

Voyez encore la librairie Georges Bellais qui ouvre en mai 1898 dans le quartier Latin, à l'angle de la rue Cujas. C'est là que Charles Péguy, Lucien Herr et son ami Léon Blum se jettent dans la bataille pour la réhabilitation de Dreyfus. C'est là que se retrouve la jeunesse socialiste de l'époque en une sorte de bouillon de culture et d'idées. Que dire encore de la librairie Au sans pareil fondée par René Hilsum, 37, avenue Kleber en 1920 ? Breton, Aragon et Soupault y créent leur revue *Littérature*. Max Ernst y donne sa première exposition Dada le 2 mai 1921. Il en reste une photo célèbre. On y voit, debout devant la librairie, Benjamin Péret, André Breton et Simone Kahn de part et d'autre d'une échelle double enfourchée par Philippe Soupault un vélo à la main. Jacques Rigaut, le « suicidé magnifique », y fait le poirier, la tête en bas.

Je ne sais pas si Arte a fait exprès de rediffuser le beau film d'Isabel Coixet, *The Bookshop*, comme une métaphore de ce que nous vivons. À la fin des années 1950, une jeune veuve de guerre, Florence Green, décide d'ouvrir une librairie dans un petit village du nord de l'Angleterre. C'est dans une autre librairie, à Londres, qu'elle était tombée amoureuse de son mari. Elle veut y faire souffler un esprit nouveau, commande des centaines d'exemplaires du sulfureux roman de Nabokov *Lolita* et finit terrassée par la jalousie, le conservatisme et la méfiance. Trente ans plus tard, son ancienne assistante fonde à son tour une librairie. C'est elle qui a le mot de la fin. « Comme elle avait raison quand elle disait qu'on ne se sent jamais seul dans une librairie ! »

Fractures françaises

Jacques Chirac en parlait déjà et en avait fait son principal thème de campagne à la veille de l'élection de 1995. Souvenez-vous de son discours du 10 février et de sa désormais célèbre « fracture sociale » qui ne cesse de se creuser et met la France dans la rue. Et Chirac avait emporté l'élection.

La fracture n'est pas nouvelle. Un groupe de députés socialistes puis Chevènement en avaient déjà parlé au début des années 1990. Depuis, chacun veut la réduire, mais ne l'envisage que d'un point de vue socio-économique, en termes de politiques publiques, de redistribution des richesses, de réduction du chômage et des inégalités. Les choses seraient trop simples et notre société trop lisse si l'on en restait là. Il faut passer par l'histoire si l'on veut saisir toute la complexité des fractures qui nous habitent, jusqu'à nous traverser individuellement de part en part.

Parmi tous les peuples européens, je n'en connais pas de plus schizophrènes que les Français. C'est que nous sommes un peu les héritiers d'une double culture. De l'Ancien Régime nous avons conservé le goût des préséances, des hiérarchies et des privilèges. Il n'y a pas plus de grades, d'échelons et de titres que dans l'administration française. Prenons l'exemple de la magistrature. En Italie, les procureurs de la République ne se distinguent entre eux que par la diversité de leurs fonctions. Il n'y a pas de hiérarchie. En France, nous sommes les seuls à avoir conservé tout un luxe de substituts, de vice-procureurs, procureurs, avocats généraux, procureurs généraux. Le tout à l'avenant. L'inflation administrative à la française ne date pas d'aujourd'hui. Un jeune noble polonais le notait déjà en 1767, en plein règne de Louis XV : « Fait-on une nouvelle fondation, on multiplie les directeurs sans nécessité. Y a-t-il un changement de ministère, sans déplacer les employés, on crée de nouvelles charges pour les favoris du nouveau ministre. Plus les changements de ministère sont fréquents, plus le mal augmente. » « Je n'ai encore vu personne, observe un autre un peu plus tard, qui ne se croie propre à remplir toutes les places de l'administration. » On en fera des caricatures, en 1814, au retour des Bourbons. Sur l'une d'elles, de vieux nobles, en perruque et rapière, réclament à toute force « des places, des cordons, des pensions ».

Ne nous étonnons pas dans ces conditions de nos flagorneries. Il restera toujours en nous quelque chose du courtisan. Puis, à nos traditions d'Ancien Régime sont venues s'ajouter celles de la Révolution, et avec elles un attachement indéfectible à l'égalité. Résultat : tout en léchant les bottes de notre supérieur, nous avons furieusement envie de lui couper la tête.

Pour comprendre ces paradoxes si subtils, à l'origine non pas d'une seule et même « fracture sociale » mais de nos innombrables fractures souterraines, il faut décidément regarder du côté de 1789 et de ses héritages. J'en relève deux parmi bien d'autres. Le premier tient à notre rapport au temps. La Révolution s'est faite au nom de l'oubli du passé et de l'avènement d'un homme nouveau, de la mort du « sujet » et de la naissance du « citoyen ». Il suffirait pour cela de relire certains discours de 1789. Le député Rabaut Saint-Étienne par exemple. « On s'appuie de l'histoire ; mais notre histoire n'est pas notre code. » On l'a vu, cette obsession de la « table rase » nous a conduits très loin, jusqu'aux autodafés, jusqu'à la destruction sous la Terreur de tout ce qui pouvait rappeler la féodalité, le trône et l'autel. Ces destructions sont au cœur de notre légitimité républicaine. Qu'on ne s'étonne pas au passage et qu'on ne se scandalise pas non plus des récentes mutilations de certaines statues : Schœlcher, Napoléon ou Colbert. Il fallait y penser plus tôt. Et pourtant, depuis deux cents ans, nous avons passé notre vie à retisser des continuités, à restituer la Révolution dans le temps long de l'Histoire, à réparer la rupture originelle de 1789. Ces tensions entre la mémoire et l'oubli, entre la transmission et sa négation sont toujours à l'œuvre aujourd'hui, en particulier depuis 1968. Elles disent silencieusement beaucoup de notre malaise actuel, ne serait-ce que dans le domaine de l'éducation.

Le second de nos paradoxes « révolutionnaires » concerne nos rapports à la démocratie. La nation souveraine est née en 1789 du renversement du roi de droit divin comme de la fin des ordres et des privilèges. On voulait en finir avec les innombrables communautés d'intérêts d'Ancien Régime : provinces, villes, corporations, au nom des droits imprescriptibles de chacun. Aussi, l'Assemblée nationale avait-elle établi solennellement les Droits de l'homme et du citoyen le 26 août 1789. Mais la nation ne suffisait pas, elle n'était pas assez incarnée, elle ne disait rien de ses forces vives. Dès le 14 juillet 1789, avec la prise de la Bastille, le peuple entre symboliquement dans l'arène. Quatre ans plus tard, en 1793, ce n'est plus la nation, c'est le peuple qui devient souverain par la Constitution dite de l'an I. On lui accorde même le droit à l'insurrection contre un possible retour à l'arbitraire de ceux qui le gouvernent. Nous sommes les enfants de cette double identité, celle de nos droits individuels de citoyen et celle que fonde notre appartenance au peuple souverain. Cette double naissance est la marque d'une tension qui n'est pas assez notée, qui traverse toute notre histoire contemporaine et s'exerce encore aujourd'hui. D'un côté des droits et des libertés individuelles, de l'autre le « peuple » défini et pensé comme un être collectif et abstrait. Michelet s'en était fait le chantre dans son *Histoire de la Révolution française*. Plus tard, Jaurès regrettera qu'on l'ait trop vite oublié. On trouvera peut-être un jour une explication à la crise de notre démocratie dans ce paradoxe si français. C'est que cette crise – qui par ailleurs affecte l'Occident tout entier – résulte d'un double effacement : d'une part celui de l'individu dilué dans le jeu des intérêts stratégiques et économiques qui, à l'échelle du monde, le réduit à rien ; d'autre part celui de la nation et du peuple, son incarnation vivante, que l'État se montre de moins en moins capable de défendre. Par les particularités de notre histoire qui nous font tout à la fois détester l'État et l'invoquer sans cesse, ce double effondrement est vécu chez nous avec d'autant plus de violence.

Les paradoxes de 1789 sont innombrables : entre les intérêts et la vertu, l'ombre et la lumière, la transparence et le secret, le centre et la périphérie, la rue et la représentation. Ce qui n'est pas visible nous atteint souvent plus que ce qui l'est. Et ce qui est invisible appartient à l'Histoire. Un préfet de la Restauration a tout dit de cela dans l'un de ses rapports en 1821, alors qu'il évoquait Napoléon et sa légende : « Tout est calme. Seules les imaginations travaillent. »

Où sont nos années folles ?

Avez-vous remarqué le silence qui nous entoure ? Je sors de chez moi, je me promène dans les rues de Paris et je n'entends plus rien. Le mugissement des autobus, les bruits de verres aux terrasses des cafés, un rire échappé d'un trottoir. L'air s'est raréfié, la vie s'est comme engourdie. Nous ne sommes pas les seuls à porter un masque, la ville aussi a mis le sien. Tout cela transpire la tristesse, l'ennui et la peur. On en est même sur les réseaux et les chaînes d'info continue à s'engueuler sur le nombre de morts quotidiens. Ce ne sont pas les mauvaises nouvelles qui manquent. Les départements tombent les uns après les autres sous le couvre-feu de six heures comme autant de batailles perdues. On nous menace des pires punitions comme on privait autrefois les enfants de dessert. Quand on les regarde en boucle, les débats télévisés de notre actuelle crise sanitaire conduisent inévitablement à la neurasthénie et au vide. Souvenez-vous du sketch de Coluche sur Roger Gicquel, le « cocker triste » des années 1980. « Quand un avion s'écrase dans le monde, c'est sur les pompes à Gicquel ! » On le sait maintenant, ce n'était qu'un début. J'ai hâte de voir ce qui pourrait arriver après le virus, les masques et les vaccins.

Nous ne manquons pas en France de ces périodes-là, qui suivent les grandes catastrophes. Elles ont toujours été des moments de relâchement, comme si le soulagement ne pouvait s'exprimer que dans l'extravagance. Nous avons eu après la Révolution nos Incroyables et nos Merveilleuses, tous ces muscadins revenus de la Terreur. Les « bals des victimes », réservés aux parents de guillotinés, Mme Tallien, les robes transparentes « à la Flore » ou « à la Cérès », Tivoli, les salons de Barras, « le mari de toutes les femmes et la femme de tous les maris », ceux de l'hôtel Thellusson. On n'en pouvait plus d'avoir eu peur. Et les années folles qui succédèrent aux tranchées de la Grande Guerre. Les cheveux à la garçonne, les jupes au-dessus du genou, les boîtes gays de Berlin, le jazz et la cocaïne. On voulait tout changer, jusqu'à l'art et à la langue. C'est à Zurich, en février 1916, au cabaret Voltaire, que naît le mouvement Dada. Le mot avait été trouvé par Tzara dans le dictionnaire Larousse parce qu'il ne signifiait rien. Un journaliste américain, Greil Marcus, a superbement suivi dans *Lipstick Traces* le fil souterrain du nihilisme qui commence avec Dada et s'achève avec Johnny Rotten, les Sex Pistols et le punk, en pleines années Thatcher de chômage et de marasme économique. *No Future*. Les grandes crises ont toujours été suivies de bouleversements sociaux. Elles font des perdants et des gagnants, des pauvres et des riches, ceux qui rattrapent le temps perdu et ceux qui restent au bord du chemin. Elles changent les mœurs et les mentalités. Chaque génération d'après-crise a fait ce qu'elle a pu des « grands débris pourrissants » dont parlait déjà Paul Nizan en 1931 dans *Aden Arabie*. On se souvient de la première phrase de son livre : « J'avais vingt ans. Je ne laisserai personne dire que c'est le plus bel âge de la vie. » Son aîné, l'historien Marc Bloch, l'un des rares à avoir dénoncé la routine d'après-guerre, lui répond comme en écho : « J'appartiens à une génération qui a mauvaise conscience. »

Le retour à la normalité, à la paix, aux petits intérêts et aux charmes de la boutique énerve la jeunesse. Les vieux s'accrochent désespérément au pouvoir et la France s'ennuie. Le grand vide des périodes d'après-guerre, leur absence de sens, le malaise d'une génération entière ont toujours senti le soufre et le fagot. De ce point de vue, la jeunesse romantique des années 1820 ressemble étrangement à celle de 1968. Théophile Gautier en gilet rouge, tous ces jeunes « lions » romantiques de la bataille d'Hernani à la première de la pièce éponyme de Victor Hugo en 1830 sont les ancêtres de ceux des barricades de 1968, au quartier Latin.

Si la bataille sanitaire actuelle est une guerre, alors je rêve d'un prochain défilé de la victoire. Nous serions enfin libres de circuler, de nous embrasser, de crier. Il y aurait des chars de fleurs en forme de seringues hypodermiques. On se déguiserait en corona géant. Des infirmières en blouse très échancrée lanceraient des préservatifs à la foule en délire. Le docteur Castex, qui entre-temps aurait perdu son accent, ferait son autocritique en public. On obligerait toutes les sommités scientifiques, qui pour avoir eu trop envie de parler ont dit n'importe quoi, à marcher pieds nus en tête du cortège comme les bourgeois de Calais pendant la guerre de Cent Ans. Ce serait euphorisant et délicieux. Il n'y aurait plus de fonctionnaires, plus de gardes-chiourme, plus de règlements. On recommencerait à interdire d'interdire. J'ai eu ce rêve. Et puis je suis rentré chez moi, dans la ville silencieuse.

L'automne, ma saison mentale

À chacun sa saison. La mienne a les couleurs de l'automne, elle a des allures de paysages silencieux de brume et de bois lorsque la nuit y passe en tapinois. Tout se tait, même les rivières coulent en silence. Les lignes d'horizon se confondent à force d'être grises ou bleues. Seuls quelques grands arbres dessinent en ombres chinoises leurs bras de potence muette. La Toussaint, les escapades de campagne, les retours de balade à la tombée du jour, l'herbe mouillée, l'humidité qui monte et nous fait frissonner me font souvent penser à Gracq ou au jeune Chateaubriand des paysages de Combourg : « Je voyais avec un plaisir indicible le retour de la saison des tempêtes, le passage des cygnes et des ramiers, le rassemblement des corneilles dans la prairie de l'étang, et leur perchée à l'entrée de la nuit sur les plus hauts chênes du grand Mail. » Je vous recommande ce régime-là, propre à faire oublier la tristesse des villes et toutes les épidémies du monde.

J'aime le mois de novembre, c'est le mois des amours lointaines, des feuilles mortes et du recueillement, du silence et des lèvres closes. Le mois des sortilèges et de l'attente. Il y passe des lumières jaunes de lisière et de fleurs fanées. On y prépare, dans de grandes bassines alchimiques, les confitures de l'hiver. On y enferme le temps dans des pots. Saturne y règne en maître, et Dürer, et le soleil noir de la mélancolie. J'ai toujours eu le sentiment que l'automne était la saison des transhumances, comme si notre terre était soudain moins habitée, qu'elle respirait mieux et pouvait se reposer.

Julien Gracq dit quelque part qu'il trouvait là des dispositions à écrire comme à aucune autre saison et que tous ses romans ont pris forme à la fin de l'été. La vie s'écoule plus lentement, les hommes y parlent moins. On y commémore les guerres, les morts et les saints. On y rêve plus à son aise. « Automne malade et adoré. » Ces mois-là sont mes vrais mois de grandes vacances. Nos gouvernants devraient songer à les déplacer plutôt que de nous les imposer en été.

Si les saisons avaient une couleur politique, je mettrais volontiers le printemps à gauche et l'automne à droite. Pas la droite du progrès, celle des écrivains, des minutes de sable et des souvenirs. L'automne a toujours eu pour eux des airs d'apocalypse et de fin du monde. C'est en novembre, dans une maison isolée de Valognes, en Normandie, par un soir de pluie, que Barbey d'Aurevilly fait revivre les aventures de chouannerie du chevalier Des Touches, sa gloire et ses combats, son évasion et sa folie. La scène se passe à la fin des années 1820, dans le contre-jour d'un salon royaliste habité par des vieillards et hanté par des fantômes : « Mademoiselle de Percy, dont l'impatience ressemblait à une menace d'apoplexie, [...] repoussa son canevas dans sa corbeille ; [...] elle commença son récit. » Les héros romantiques meurent presque toujours en automne. C'est la saison des défaites, le chant du cygne des vaincus. Les images du soir vont si bien aux souffrances de René ou du jeune Werther. Et Allan, le beau ténébreux du roman éponyme de Gracq, qui traîne ses silences, son désœuvrement et l'énigme de sa vie dans des paysages d'arrière-saison aux confins de la Bretagne. L'automne n'est certainement pas la saison des plans quinquennaux et de la reprise économique. Les managers et autres conseillers en ressources humaines, l'économie des moyens, les objectifs à atteindre n'y ont pas leur place.

S'il restait aujourd'hui un lieu pour les poètes, ce serait en automne. Je ne passe jamais les premiers jours de novembre sans me souvenir de celui que je préfère, le « mal aimé » de *Zone* et des tranchées, « l'émigrant de Landor Road », le guetteur mélancolique et le poète assassiné, l'anarchiste souriant, le soldat trépané et l'ami merveilleux qui fit pleurer Picasso le jour de sa mort – Guillaume de Kostrowitzky, dit

Guillaume Apollinaire. C'était un 9 novembre, boulevard Saint-Germain, en 1918. Il y a plus d'un siècle. C'est pourtant lui qui a raison. Jamais cette saison des espoirs et du déclin n'a si bien coulé dans mes veines qu'à travers sa poésie.

Je suis soumis au Chef du Signe de l'Automne
Partant j'aime les fruits je déteste les fleurs
Je regrette chacun des baisers que je donne
Tel un noyer gaulé dit au vent ses douleurs
Mon Automne éternelle ô ma saison mentale.

Remerciements

Mon ami Vincent Haegele qui m'accueille en ce moment presque tous les jours à la bibliothèque de Versailles a bien voulu jeter un œil attentif à ces petits textes. Qu'il en soit remercié, tout comme Denis Maraval qui ne se lasse pas de m'éditer. Tout comme Alexandra, ma femme, qui ne se lasse de rien.

*

Les éditions Tallandier remercient *Historia* pour son autorisation de reproduction de certains textes qu'Emmanuel de Waresquiel, chroniqueur régulier du magazine, a publiés depuis 2018. Les textes concernés ont été réécrits, modifiés et augmentés dans la perspective du présent livre.

Table

TABLE

Du même auteur (suite)

Fouché. Les silences de la pieuvre, Paris, Tallandier/Fayard, 2014 ; Paris, Tallandier, « Texto », 2018 (rééd. 2021). Prix spécial du prix de la biographie politique ; prix de la meilleure biographie LIRE ; prix du Nouveau Cercle de l'Union ; prix André Castelot ; prix Essai France Télévisions ; prix du Mémorial d'Ajaccio.

C'est la Révolution qui continue, Paris, Tallandier, 2015 ; rééd. *Penser la Restauration, 1814-1830*, « Texto », 2020.

Juger la reine, Paris, Tallandier, 2016. Prix Combourg-Chateaubriand 2017 ; prix Brantôme.

Fouché. Dossiers secrets, Paris, Tallandier, 2017.

Le Temps de s'en apercevoir, Paris, L'Iconoclaste, 2018. Prix des Deux Magots ; prix Marianne.

J'ai tant vu le soleil, Paris, Gallimard, « Blanche », 2020.

Sept Jours. 17-23 juin 1789. La France entre en révolution, Paris, Tallandier, 2020.

En collaboration avec Benoît Yvert

Histoire de la Restauration, 1814-1830. Naissance de la France moderne, Paris, Perrin, 1996 (rééd. « Tempus », 2002).

Direction

Le Siècle rebelle. Dictionnaire de la contestation au XXe siècle, Paris, Larousse, 1999.

Dictionnaire des politiques culturelles en France depuis 1959. Une exception française, Paris, Larousse/CNRS Éditions, 2001.

Mémoires de la France. Deux siècles de trésors inédits et secrets à l'Assemblée nationale, Paris, L'Iconoclaste, 2006.

Les Lys et la République. Henri, comte de Chambord, 1820-1883, Paris, Tallandier, 2015.

Direction, avec Sophie de Sivry

Mémoires du monde. Cinq siècles d'histoires inédites et secrètes au Quai d'Orsay, Paris, L'Iconoclaste, 2002 ; rééd. *Dans les archives secrètes du Quai d'Orsay*.

Cinq siècles d'histoire et de diplomatie, Paris, L'Iconoclaste, 2015.

Achevé d'imprimer par
Corlet
14110 Condé-en-Normandie

Réalisation : Nord Compo à Villeneuve-d'Ascq
Dépôt légal : mai 2021
ISBN : 979-10-210-4872-0
Numéro d'édition : 4593
Numéro d'impression : 21040558
Imprimé en France